Bewegungsstudien

Vorschläge zur Steigerung der
Leistungsfähigkeit des Arbeiters

von

Frank B. Gilbreth, L. L. D.

Freie deutsche Bearbeitung

von

Dr. Colin Ross

Mit 20 Abbildungen
auf 7 Tafeln

Berlin
Verlag von Julius Springer
1921

ISBN 978-3-642-50532-4   ISBN 978-3-642-50842-4 (eBook)
DOI 10.1007/978-3-642-50842-4

Zur Einführung der wissenschaftlichen Betriebsführung in Deutschland.

Frank B. Gilbreth hat sein Werk „Motion Study" lange vor dem Kriege geschrieben, zu einer Zeit, als an die Möglichkeit eines Eintretens der gegenwärtigen politischen und wirtschaftlichen Zustände in Deutschland nicht zu denken war, und als in den Vereinigten Staaten, dem Ursprungsland des Taylorsystems, die kapitalistische Wirtschaftsform unter rücksichtloser Ausbeutung des Arbeiters in höchster Blüte stand. Daher haftet dem Taylorsystem der Geruch der Arbeiterfeindlichkeit und der Ausbeutung an, und daher erklärt sich zum größten Teil die heftige Gegnerschaft der Arbeiter gegen das Taylorsystem; aber andererseits hat Lenin seine Einführung in Rußland verlangt und es für den Wiederaufbau von Sowjet-Rußland für dringend erforderlich erklärt.

Diese beiden Tatsachen müssen unbedingt zum ernsten Nachdenken über das sogenannte Taylorsystem oder das System der wissenschaftlichen Betriebsführung anregen. Es ist wahr: Das Taylorsystem garantiert das Äußerste an industrieller Leistungsfähigkeit. Es kann die Arbeitsleistung um ein Vielfaches steigern, ohne den Arbeiter mehr zu ermüden, es kann aber auch zur schlimmsten und raffiniertesten Ausbeutung und zur Versklavung der Arbeiter mißbraucht werden.

Wir müssen das Taylorsystem in Deutschland einführen, weil nur die größte Kraftanspannung, verbunden mit den besten Arbeitsverfahren, unsere Wirtschaft wieder hochbringen kann, und wir können unbesorgt an seine Einführung in großem Maßstabe herangehen, weil in dem heutigen Deutschland sowohl das hoch entwickelte soziale Gefühl der Allgemeinheit, wie die Macht, die die Arbeiterklasse erlangt hat, einen Mißbrauch des Taylorsystems verhüten werden.

Der Weltkrieg hat die Verbindung mit den amerikanischen Ingenieuren, die auf diesem Gebiet führend arbeiten und zu deren bedeutendsten Frank B. Gilbreth zählt, unterbrochen. Wir wissen daher nichts Genaueres über die letzte Entwicklung und die letzten Leistungen der wissenschaftlichen Betriebsführung in den Vereinigten Staaten. Inzwischen ist aber, getrieben von unserer wirtschaftlichen Notlage, der Weiterbau an diesem Verfahren in Deutschland intensiv in Angriff genommen worden, und es ist zu hoffen, daß seine Verbreitung nicht nur ohne Widerstand der Arbeiterschaft, sondern mit deren tätiger Mithilfe und Förderung sich vollzieht.

Dr. Colin Ross.

Inhalt.

Die Grundlagen des Gilbrethschen Mauerns.

Die Umgestaltung des Maurerhandwerks durch den Verfasser des Buches ist ein typisches Beispiel dafür, was durch Bewegungsstudien erreicht werden kann und wie das ganze Problem überhaupt angepackt werden muß. Praktische Beispiele sagen oft mehr als lange Abhandlungen. Darum sei dieses eine Handwerk hier als Musterbeispiel herausgegriffen. Einerseits, weil es eine altbekannte Arbeit ist. Jeder sieht einmal auf der Straße den Maurern zu, und diese Arbeit an sich ist so wenig kompliziert, daß sie ohne technisches Wissen verstanden werden kann. Andrerseits gehört das Mauern zu den ältesten Handwerken. Schon die alten Assyrer bauten kunstvolle Werke, und gemauert und gebaut wurde seit damals auf der ganzen Welt von allen Völkern und zu allen Zeiten. Und doch waren rein bewegungstechnisch solch enorme Verbesserungen möglich, wie sie der Verfasser des Buches auf Grund genauer Bewegungsstudien einführte.

Der Verfasser ging dabei von folgendem Gedankengang aus: Das eigentliche Mauern, d. h. das Ziegelverlegen ist der Kernpunkt der Arbeit. Der Mann, der die Ziegel verlegt, ist der Träger der Maurerarbeit. Auf ihn kommt es an, ob der Bau gut oder schlecht gemauert wird, ob die Arbeit rasch oder langsam vor sich geht. Ihn faßte der Verfasser also zunächst ins Auge. Dabei beobachtete er sofort, daß der Maurer sich bisher nach Ziegel und Mörtel bücken mußte, daß er oft nur einen einzigen Ziegel verlegte und diesen einzelnen Ziegel manchmal sogar noch einzeln einmörtelte. Schuld daran war nicht nur der Maurer selbst, der nicht ökonomisch zu arbeiten gelernt hatte, sondern vor allem auch die ungeeignete Einrichtung seines Arbeitsplatzes und die gänzlich ungenügende Vorbereitung des Materials. An diesen zwei Punkten hakte der Verfasser zunächst ein.

Auf Einzelheiten der Verbesserungen kann hier nicht näher eingegangen werden, ebensowenig darauf, wie Gilbreth in diesem oder jenem Fall zu der betreffenden Verbesserung kam. Wie bisher gemauert wurde, weiß in großen Zügen jeder. So wird der gewaltige Fortschritt des Gilbrethverfahrens allgemein verständlich sein.

Der wichtigste Faktor dieses neuen Maurerverfahrens ist das verstellbare Baugerüst. Es ermöglicht dem Maurer, immer ein und dieselbe Bewegung auszuführen und immer in ein und derselben Stellung stehenzubleiben. Die Füße des Maurers, Mauerrand, Mörtelschaff und Ziegelpacken stehen in ganz bestimmter Lage zueinander. Schreitet die Arbeit fort, so wird die ganze Einrichtung ohne Änderung der gegenseitigen Lage selbsttätig verstellt.

Mörtelschaff und Ziegelpacken stehen auf dem sogenannten Materialgerüst, das in bestimmter Entfernung über der eigentlichen Arbeitsbühne angebracht ist. Der genaue Platz jedes Gegenstandes ist sorgfältig ausgerechnet, so daß der Maurer mit hängendem Arm nach der obersten Ziegelreihe des Packens greift und gleichzeitig mit der andern Hand in den Mörtelschaff langt. Ebenso ist Entfernung und Höhenunterschied des Materialgerüstes zum Mauerrand so bestimmt, daß der Maurer die Ziegel gewissermaßen nur hinüberzuschieben braucht, aber doch so, daß die Schwerkraft des Ziegels und ein gewisses rhythmisches Pendeln des Armes und seine Schwungkraft zur Ausnutzung kommt[1]).

Entlang dem Materialgerüst, auch wiederum in ganz bestimmter Höhe und Entfernung zu diesem und zur Arbeitsbühne, läuft ein Materialzufuhrsteg. Der Maurer bleibt dadurch von der Materialzufuhr unbehelligt, und diese selbst kann rascher und pünktlicher erfolgen, wenn nicht immer wieder ausgewichen werden muß.

Die Ziegel werden auf eigens für den Zweck konstruierten Ziegelgestellen angefahren, so daß sie auf dem Ziegelpacken geschichtet sofort in die zweckmäßigste Lage zur Hand des Maurers zu liegen kommen. So und soviele Ziegel auf jedem Packen und so und soviele Packen auf jedem Zufahrtskarren. Die genaue Zahl ist gemäß dem zweckmäßigsten Ladegewicht der Karren rechnerisch genau bestimmt und ein für allemal festgestellt. Auch die Zufahrtskarren (Bild 19) sind besonders konstruiert und nach dem Gesichtspunkt der Arbeitsleistung durch Anpassung des Geräts an die besondere Art der Arbeit so ausbalanciert, daß ohne Übermüdung des Arbeiters jeweils zwölf Packen angefahren werden können. Jeder

---

[1]) Genaueres siehe in Gilbreth, Bricklayingsystem (noch nicht in deutscher Sprache erschienen).

Packen enthält 18 Ziegel, jeder Karren also 216 Ziegel, während ein einrädriger Schubkarren in der Regel nur 60 lose Ziegel faßt. Nebenbei ermöglicht dieses System eine genaue Kontrolle des täglichen Ziegelverbrauches und damit auch des täglichen Arbeitsfortschrittes.

Alles in allem läuft das Gilbrethsche Maurersystem auf größte Spezialisierung der Arbeit hinaus. Der Mann, der die Ziegel verliest, hat nichts anderes zu tun als Ziegel zu verlesen. Ein anderer schichtet Packen auf, ein anderer lädt die Karren, ein anderer führt die Karren zu. Der Maurer selbst hat bloß zu mauern. Und gerade darin liegt der Riesenfortschritt. Derselbe Griff zu Ziegel, Mörtelschaff und Mauer geht natürlich mit der Zeit ganz von selbst vor sich, und die so oft wiederholte Bewegung erreicht mit der Zeit den Punkt höchster Vollkommenheit. Sie kann daher rascher ausgeführt werden, als wenn zwischendurch immer noch andere Griffe und andere Arbeiten erledigt werden müßten.

Die Revolutionierung des Arbeitsplatzes und der Arbeitseinteilung hatte dann auch eine Verbesserung des Bauverfahrens selbst zur Folge. Abgesehen von der schließlichen Neugruppierung der Arbeit, auf die hier näher einzugehen zu weit in fachmännische Einzelheiten führen würde, machte Gilbreth an Hand von Bewegungsstudien die Erfindung der „Spritzkelle", die nach Urteilen von Fachleuten allein die ganzen Kosten der Bewegungsstudien bezahlt macht. Bisher arbeiten die Maurer bei uns mit einer kleinen Handkelle, mit der sie höchstens für zwei Ziegel gleichzeitig Mörtel auftragen, den Ziegel einbetten, den überquellenden Mörtel abkratzen und die Fugen verschmieren. Dabei ist es verhältnismäßig gleichgültig, nach welcher Methode gemauert wird, ob Ziegel oder Mörtel zuerst aufgetragen wird: Tatsache ist, daß die kleine Handkelle das einzige Werkzeug war und daß nie mehr als zwei Ziegel gleichzeitig verlegt wurden.

Die „Gilbrethsche" Spritzkelle dagegen mörtelt 21 Ziegel gleichzeitig ein. Die bisherige Handkelle dient dabei als Griff und zur Führung der Spritze. Zum Studium ihrer genaueren Konstruktion sei auf die Arbeiten der Forschungsgesellschaft für wirtschaftlichen Baubetrieb hingewiesen, die augenblicklich gerade Proben mit Spritzkellen anstellt.

Auf die ganze Frage des Maurerhandwerks und seine Umgestaltung durch Gilbreth wurde hier nur näher eingegangen, um die

Wege zu weisen, die sich durch Bewegungsstudien eröffnen, und Möglichkeiten aufzudecken, an die bisher nur wenige gedacht haben, die aber doch Fragen von höchstem Interesse für die Allgemeinheit sind. Spritzkelle, Ziegelpacken, Materialgerüst usw. werden nicht die einzigen Erfindungen im Maurerhandwerk bleiben, die sich durch Einführung des Systems der wissenschaftlichen Betriebsführung ergeben. Steter Fortschritt ist im System begründet. Bis jetzt ist erst der erste Schritt getan. Aber dieser war so schwerwiegend und reicht so weit über unser bisheriges Denken hinaus, daß die große Masse der Menschen das System als solches als fremd oder gefährlich oder belanglos abweist. Es fehlt noch das Verständnis für die Tragweite des Neuen. Viele können sich wohl auch nicht vergegenwärtigen, was es heißt, mit jeder Bewegung hauszuhalten, oder auch sie fürchten diesen Gedanken als ein neues Mittel zur Aussaugung des Menschen und zur Umwandlung seiner innersten Seelenkräfte in brutale äußerliche Energie.

Das System der wissenschaftlichen Betriebsführung ist ein neuer Weg, der so und so gegangen werden kann. In der Hand gewissenloser Kapitalisten kann es sehr wohl ein Werkzeug zur innerlichen Verarmung des Arbeiters werden, vorausgesetzt, daß dieser selbst sich nicht zu wehren weiß, d. h. nicht selbst das neue System für sich so anwendet, daß es ihm wie der Sache zum Segen gereicht. Und das ist sehr wohl möglich.

Professor Nathaniel Southgate Shaler versetzte Amerika seinerzeit in staunenden Schreck, als er ihm vorrechnete, wie viel fruchtbare Ackererde Tag für Tag und Jahr für Jahr vom Regen in Bäche, Flüsse, Seen und Meere gespült wird. Ein langsamer, aber sicherer nationaler Verlust. „Ganz unabschätzbar“, sagt Gilbreth, „ist der Verlust der ganzen Welt durch Verschwendung an unnützen, wenig leistungsfähigen Bewegungen.“ Allein im Maurerhandwerk könnte die tatsächliche Summe von Arbeit durch Einführung der Gilbrethschen Maurermethode auf zwei Drittel des Bisherigen vermindert werden. Wie, wenn dies in allen Handwerken, Bureaux, Fabriken, Schulen, Läden, Haushalten usw. durchgeführt würde? Denn das Maurerhandwerk hier ist ja nur ein Beispiel, das auf jede Art Arbeit angewendet werden kann und uns die Möglichkeit der praktischen Anwendung zeigen soll. Die Amerikaner sind Ideologen. Gilbreth, dessen Arbeit dem nachfolgenden Büchlein zugrunde liegt, sieht eine glücklichere Ära für die Menschheit heraufrollen. Robert Thurston Kent, der frühere Herausgeber des „Industrial Engineering", sieht die Arbeitsausbeute jedes einzelnen verdrei- und vervierfacht, den Reichtum der Erde dadurch ins Unermeßliche gesteigert und die Unterhaltskosten und die zur ihrer Aufbringung notwendige Arbeitssumme so vermindert, daß das „Leben keine Last" mehr sein wird, und alle an den Segnungen der reichen Erde teilhaben, die heute nur dem Kapitalismus offen sind.

Für solchen Enthusiasmus haben wir nur ein Lächeln. Tatsächlich steckt aber im System der wissenschaftlichen Betriebsführung eine solche Fülle von Möglichkeiten, daß man sich mitreißen lassen könnte, die rosigsten Perspektiven zu sehen. Aber dazwischen steht der Mensch, und der Mensch wird immer jedes Ding zu seinem eigenen Vorteil auszunutzen versuchen. Für ihn wird der neue Gedanke und das neue System nichts als Kampf heißen, neuer Kampf. Wehe, wenn das Kampf zwischen Kapitalist und Arbeiter heißen sollte! Er wäre nutzlos und böse für beide Teile. Der Arbeiter hat es in der Hand, die Einführung des neuen Systems zu ermöglichen oder nicht. Stellt er sich von vornherein auf den richtigen Standpunkt, finden sich klare Köpfe, die im Einzelfall sagen: bis hierher und nicht weiter, aber im großen Ganzen den Kampf nicht gegen, sondern Seite an Seite mit dem Unternehmer führen, so kann das neue Arbeitssystem sehr wohl für alle mehr Lohn und mehr freie Zeit, mehr Reichtum innerlich und äußerlich bedeuten.

I. Bewegungsstudien.

Am Anfang des Studiums der wissenschaftlichen Betriebsführung stehen die Bewegungsstudien, und auch sie stehen heute noch im ersten Stadium. Man gehe am besten wie folgt vor:

Erstens studiere man die augenblicklich angewandte Arbeitsmethode und beachte dabei jede einzelne Bewegung und jeden Handgriff. Man zerlege gewissermaßen den ganzen Arbeitsprozeß in seine einzelnen Elemente und prüfe jedes einzelne auf seine Zweckmäßigkeit und Leistungsfähigkeit hin.

Dabei empfiehlt es sich, alle Beobachtungen schriftlich niederzulegen, was im Interesse einer genauen Arbeit unbedingt erforderlich ist.

Zweitens wäre dann herauszubekommen, welche inneren oder äußeren Gründe die einzelnen Bewegungen veranlaßten und welche Faktoren sie beeinflußten.

Danach hat man das bisherige Bewegungsbild. Eine genaue Untersuchung ergibt dabei in der Regel, daß zunächst so und so viele Bewegungen als unnötig einfach gestrichen werden können. Gedankenlosigkeit, falsche Gewöhnung, oft auch falsche Einrichtung des Arbeitsplatzes oder schlechte Anordnung der Werkzeuge hatten sie verursacht, ohne daß sie irgendwelchen Nutzen hätten.

Andere Bewegungen wiederum können so geändert werden, daß durch bessere Ausnutzung etwa der Schwerkraft des zu bearbeitenden Gegenstandes oder der Pendelkraft des Armes oder sonstiger besonderer Umstände größere Leistungsfähigkeit erzielt wird. Maßgebend für jede Bewegung und für jeden Griff ist die jeweils vorausgehende und die jeweils folgende Bewegung. Eine Bewegung kann an und für sich zweckmäßig sein, sich aber nicht in das Bewegungsbild als Ganzes einfügen. Und nur auf dieses kommt es an. Jede Bewegung muß die notwendige Folge der vorausgehenden und die richtige Vorbereitung der nächsten sein. Nur dann kann von einem Rhythmus der Bewegung gesprochen werden. Tote Punkte darf es nicht geben. Lieber ein umständlicheres Bewegungsbild, das im Fluß bleibt, als ein einfacheres mit toten Punkten.

Das klingt alles sehr einfach, ist es aber gar nicht. Die Schwierigkeiten stellen sich erst dann heraus, wenn man wirklich an die Sache herangeht, und dann scheint die Arbeit vielleicht so schwierig und umfassend, daß man an ihrer erfolgreichen Durchführung verzweifeln könnte. Ein Gedanke hilft da vorwärts: Jeder Schritt ist ein Schritt vorwärts. Ganz allgemeine Bewegungsstudien werden ein- für allemal gemacht, und ihre Ergebnisse bilden die Grundlage für alle weiteren Arbeiten, wie auch die in einer Industrie vorgenommenen Bewegungsstudien bei jeder weiteren Arbeit dieser Art in anderen Betrieben als Grundlage dienen können.

Daher merke man sich zu den zwei vorhin erwähnten Grundregeln aller Bewegungsstudien:

Man lege die als besterkannte und zur Norm erhobene Arbeitsmethode in allen Einzelheiten fest und zwar schriftlich und zähle dabei jede Bewegung und jeden Griff, aber auch jeden die Arbeit beeinflussenden Faktor einzeln auf.

Die Faktoren einer Arbeit.

Die Faktoren, die eine Arbeit beeinflussen, zerlegen sich von selbst in drei Gruppen. Erstens die im Arbeiter selbst liegenden, d. h. seine physischen und psychischen Eigenschaften, seine Rasseeigentümlichkeit, sein Körperbau, die Muskelkraft, Leistungsfähigkeit, Geschicklichkeit, sein Temperament, seine Ausdauer, aber auch seine Lebensweise, Ernährung, Gesundheit, seine Erfahrung, Ausbildung und nicht zum mindesten geistige Momente, wie seine Ansprüche ans Leben, seine Bildung, Religion usw.

Zweitens die Arbeitsbedingungen. Hierher gehörten die Anordnung des Arbeitsplatzes, die Beschaffenheit der Werkzeuge und des Materials, der Arbeitsraum, seine Heizung, Lüftung und Beleuchtung, aber auch scheinbar fernerliegende Momente, wie die Wirkung von Farben, die das Auge während der Arbeit beschäftigen, sei es als Farbe des Raumanstriches oder des zu bearbeitenden Gegenstandes, die Arbeitskleidung, Strafe und Belohnung, die für einzelne Vergehen oder Sonderleistungen ausgesetzt werden, die Vorschriften der betreffenden Gewerkschaft, die sozialen Einrichtungen, die zur Verfügung stehen usw. Hierher gehören aber auch die Größe der täglichen Arbeitsleistung und die Summe der täglich zu verbrauchenden Energie, sowie die besonderen mechanischen Hilfsmittel zur Verminderung der Ermüdung.

Der dritte Koeffizient ist die Arbeit als solche, d. h. die zu ihrer
Vollbringung notwendigen Bewegungen. Die Geschwindigkeit der
Bewegung, ihre Beschleunigung und ihr Wirkungsgrad, die Möglichkeit einer selbsttätigen Wiederholung, die Länge der Bewegung,
d. h. die Länge des zurückzulegenden Arbeitsweges, der Weg als
solcher, die Notwendigkeit der Bewegung und ihre Zwangläufig-
keit, das Bewegungsbild mit Arbeitskraft und toten Punkten und
schließlich die Kosten der Bewegung.

Ehe man mit der Untersuchung irgendeines Bewegungsproblemes
beginnt, untersuche man, welche der hier genannten Faktoren
bei der betreffenden Arbeit in Betracht kommen. Die vorstehende
Liste der Koeffizienten ist naturgemäß nur unvollständig, da das
Gebiet viel zu umfassend ist, um in solch kurzer Abhandlung end-
gültig erschöpft werden zu können.

Die Art der einzelnen Koeffizienten erkennt man am besten
durch Vergegenwärtigung an Beispielen aus der Praxis. Hier sind
die meisten Beispiele dem Maurerhandwerk entnommen, was nicht
sagen soll, daß nur im Maurerhandwerk Bewegungsstudien zu derartigen Ergebnissen führen. Bei den verschiedensten Arten von
Arbeit wurden Bewegungsstudien angestellt, bei Bureauarbeit
und in den verschiedensten Gewerben und Industrien. Die beim
Maurerhandwerk erzielten Ergebnisse sind aber insofern die inter-
essantesten, als es das älteste Handwerk ist, das überhaupt besteht,
und man annehmen konnte, daß seine Arbeitsverfahren am besten
ausgebildet wären.

Die hier gewonnenen Ergebnisse sind aber keineswegs einzig
dastehend. Nur um der Einheitlichkeit des Buches willen sind
alle Beispiele dem einen Handwerk entnommen, um Art der Untersuchung und Ergebnisse klar durchzuführen. Zur erhöhten Ver-
ständlichkeit des Wertes der in dieser Abhandlung gegebenen Richt-
linien mag der Leser die hier geschilderten Arbeiten und die dabei
erzielten Ergebnisse auf sein eigenes Fachgebiet übertragen.

II. Die Anlagen des Arbeiters.

1. Körperbeschaffenheit des Arbeiters.

Besondere Menschenkenntnis ist eine Bedingung wissenschaftlicher Betriebsführung. Man muß den Arbeiter genau kennen,
ehe man ihm seine Arbeit anweist. Nur dann kann man den

Arbeitsplatz und die Werkzeuge seinen persönlichen Eigenschaften anpassen, wodurch manche nutzlose Bewegung gespart wird. Für einen großen starken Mann muß die Arbeit anders eingerichtet werden, als für einen kleinen. Eine große Hand braucht andere Werkzeuge als eine kleine. Es ist unsinnig, alle über einen Leisten spannen zu wollen, selbst wenn dann das eine oder das andere Werkzeug gespart würde.

Ja, selbst eine an und für sich anormale Veranlagung eines Arbeiters muß tunlichst berücksichtigt werden, da der Mann ja trotzdem ein sehr tüchtiger Arbeiter sein kann, wenn nur eben die Arbeitsverhältnisse seiner Eigenart angepaßt werden. Ist ein Maurer beispielweise linkshändig, so braucht man nur einfach Ziegelhaufen und Mörtelschaff in ihrer Stellung zu vertauschen und der Mann kann der beste Arbeiter werden.

Unter allen Umständen muß die Anordnung der Arbeit auf die Körperbeschaffenheit der Leute berechnet sein. Die Stangen des Baugerüsts dürfen dem Maurer nicht im Wege stehen, wenn er gleichzeitig nach Ziegel und Mörtel langt. (Siehe Bild 1.[1]) Die innere Planke der Arbeitsbühne muß unter das Materialgerüst greifen, sonst stößt der Maurer mit seinem Fuß an der Ecke des Materialgerüstes an, wenn er zum Mörtel langt.

Durch sinngemäße, planmäßig durchdachte Einrichtung des Arbeitsplatzes kann viel Kraft und Arbeit gespart werden. Es handelt sich dabei nur darum, daß man durch Bewegungsstudien die Körperbeschaffenheit des Arbeiters genau kennen zu lernen sucht und sich bei Einteilung der Arbeit danach richtet.

Einige Beispiele aus dem Maurerhandwerk mögen hier als Hinweis dienen:

Beim Aufschichten der Ziegelpacken muß die Lage des Mörtelschaffs berücksichtigt werden. Die Ziegel müssen so hoch zu liegen kommen, daß sich der Arbeiter nur seitwärts überzulegen, nicht nach vorne zu bücken braucht, was ein unnötiger Kraftaufwand wäre. Allerdings handelt es sich dabei um Maurerarbeit, bei der das neue vom Verfasser des Buches konstruierte Materialgerüst noch nicht eingeführt ist, bei dem man sich überhaupt nicht zu bücken braucht.

---

[1] Es handelt sich hier um das Gilbrethgerüst, bei dem sich der Maurer nicht zu bücken braucht.

Andererseits ermöglicht dieses sogenannte Gilbrethsche Gerüst ein besonders ökonomisches Arbeiten. Jede Kraftanstrengung durch Bücken ist vermieden. Die Arbeitsbühne ist aus zwei miteinander unverbundenen und dadurch federnden Planken so angelegt, daß die ganze Hin- und Herbewegung des Maurers vom Ziegelpacken und zurück nur durch Verlegung des Körpergewichtes von einem Fuß auf den andern erfolgt. Die Federung der Planken erspart dabei jeden unnötigen Kraftaufwand. (Siehe Bild 2.)

Ebenso ist die Größe der Arbeitsbühne ganz genau zu bestimmen. Sie darf keinen Zentimeter breiter sein als zum Aufstellen der Ziegelpacken nötig ist. Sonst könnte es vorkommen, daß der Hilfsarbeiter, der die Ziegelpacken auf der Bühne aufstellen muß, die Packen nicht ganz genau an den bestimmten und für den Maurer bequemsten Platz stellt, so daß der Maurer, ein hochqualifizierter und hochwertiger Arbeiter, dadurch in der wirkungsvollsten und raschesten Arbeitsweise gehindert wird.

2. Die Größe des Arbeiters.

Die Größe des Arbeiters spielt eine wichtige Rolle. Kleine Leute werden, da sie das Bücken weniger Kraft kostet als großen, hauptsächlich zum Mörtelmischen und Kalkanrühren genommen, wo die Schaufeln nur wenig gehoben zu werden brauchen, während umgekehrt Arbeiten, bei denen man sich recken muß, für sie anstrengender sind als für große. Soll dagegen ein Graben ausgeschaufelt werden, so nimmt man besser große Leute, da ihre langen Arme hier rascher vorankommen.

Bei Bauarbeiten ist ungefähr gleiche Größe der Arbeiter besonders wichtig, da dann das Baugerüst einheitlich angelegt werden kann und alle Ziegelpacken gleich hoch gerichtet werden können. Darauf nimmt man eben, wie gesagt, schon bei der Auswahl der Arbeiter Rücksicht.

3. Die Muskelkraft des Arbeiters.

Ein Arbeiter kann mehr leisten, ein anderer weniger; der eine ist stärker, der andere schwächer. Darauf muß bei Festsetzung der Arbeitsnorm Rücksicht genommen werden.

Allerdings sollten Bewegungsstudien nur an erstklassigen Arbeitern vorgenommen werden, wie sich alle Berechnungen nur auf den Leistungen der allerbesten, allertüchtigsten und allerstärksten

Leute aufbauen sollten. Tatsächlich sind die allerbesten Arbeiter, die man für eine Arbeit bekommen kann, gerade noch gut genug als Maßobjekte, da man hierfür nur die wirklich allerbesten brauchen kann. Die an ihnen ermittelten Daten müssen Hundertprozentdaten sein, da nach ihren Leistungen alle andern gemessen werden.

Natürlich sollte es dabei das Ziel jeder Betriebsführung sein, alle Arbeiten nur von hundertprozentigen Arbeitern ausführen zu lassen, da doch die Größe des Arbeitsertrages von der Güte der Arbeiter abhängt. Da muß man eben dafür sorgen, daß genug hundertprozentige Arbeiter herangezogen werden, und daß diese auch wirklich dem Betrieb erhalten bleiben; denn der Unternehmer wird im Konkurrenzkampf den Sieg davontragen, der die meisten Hundertprozentarbeiter in seinem Betrieb beschäftigt.

Der Unterschied zwischen einem erstklassigen und einem minderwertigen Arbeiter ist unter Umständen ganz enorm. Ein erstklassiger Maurer kann unter günstigen Arbeitsbedingungen, d. h., wenn er sich nicht unnötig bücken muß, Tag für Tag, ohne Beeinträchtigung seiner Gesundheit 85 Pfund (90 amerikanische Pfund) Ziegel in einem Packen tragen (siehe Bild 3), während minderqualifizierte, unterernährte Leute auf die Dauer nicht mehr als etwa 56 und 60 Pfund transportieren können. Und trotzdem tut man besser daran, unter Umständen auf die Ausbeute eines hundertprozentwertigen Arbeiters zu verzichten, wenn man nicht genug gleichwertige Arbeiter bekommen kann, da es in gewisser Hinsicht vorteilhafter ist, wenn alle Arbeiter, die mit derselben Art Arbeit beschäftigt sind, gleich qualifiziert sind. Die Ausstellung der Arbeitsanleitungskarte und die Anpassung des Werkzeugs wird dadurch wesentlich vereinfacht.

4. Die Qualität des Arbeiters.

Die Muskelkraft darf jedoch keinesfalls bei der Auswahl der Arbeiter zu bestimmten Arbeiten allein maßgebend sein. Ein kräftiger Mann braucht nicht immer zugleich ein tüchtiger Arbeiter zu sein, wie umgekehrt an und für sich schwächere Menschen oft eine ungeheure Energie besitzen und die tüchtigsten und leistungsfähigsten Arbeiter sind. Darum kommt es nicht nur darauf an, daß allen Arbeitern derselben Gruppe körperlich gleich viel zugemutet werden kann, sie müssen auch alle gleich tüchtig und gleich energisch sein; denn auch darin ist Gleichartigkeit von Vorteil. Sind alle

Arbeiter gleich qualifiziert, so vereinfacht sich die Arbeit des Arbeitsverteilungsbureaus ganz wesentlich. Die Leute können alle das gleiche Pensum bekommen, die Werkzeuge können alle gleich sein, und die Leute können in der Arbeit miteinander konkurrieren. Dadurch wird auch vermieden, daß für jeden wieder andere Bewegungen auf der Arbeitsanleitungskarte angegeben werden müssen.

Man verzichtet, wie schon gesagt, lieber auf einzelne außerordentlich qualifizierte Arbeiter, wenn man nicht genug gleichwertige Arbeiter bekommen kann. Lieber eine Einheitlichkeit zweiten Grades als erstklassige Arbeiter zwischen zwei- und drittklassigen, da die erstklassigen in ihrer Ausbeute durch die minderwertigeren Kollegen gehindert werden, und die zweitklassigen sich trotz des besten Beispiels nur selten höher qualifizieren. Vor allem muß einer durch den andern leiden, wenn die Arbeitsbedingungen nicht einheitlich gehalten werden können.

Konnte man beispielsweise nur minderqualifizierte Maurer bekommen, so kommt es gar nicht darauf an, wie die Ziegelpacken geschichtet sind. Es hat gar keinen Sinn, auf die Arbeitsweise des Maurers Rücksicht zu nehmen, da er doch nach seiner Gewohnheit zahllose unökonomische Bewegungen ausführt und die ökonomische Arbeitsweise, die die Betriebsführung bei besser qualifizierten Arbeitern vorschreiben würde, doch nicht einhält. So läßt man wenigstens die Ziegelpacker möglichst rasch arbeiten und die Ziegel willkürlich schichten, da eine sinngemäße, aber umständlichere Packung doch nicht ökonomisch ausgenutzt würde. Hat man dagegen hochwertige, leistungsfähige Maurer, so ist es viel ökonomischer, dem Maurer durch die billigere Hilfskraft die Ziegelhaufen so aufschichten zu lassen, wie er sie nachher am bequemsten abheben kann.

Alle Vorbereitungsarbeiten, wie Aufschichten, Transportieren, Zurichten usw., sollten von Hilfskräften ausgeführt werden, so daß das Material in möglichst zubereitetem Zustand in die Hand des hochwertigen, des gelernten Arbeiters kommt, dessen Arbeit dadurch eine ausdauernde und gleichmäßige bleiben würde. Es wäre unsinnig, den Ziegelpacker oder den Mörtelbub sparen zu wollen und diese Arbeiten auch vom hochwertigen Maurer ausführen zu lassen, so daß dieser sich seiner eigentlichen, hochwertigen Arbeit weniger widmen kann.

Das Prinzip der Arbeitsteilung je nach der Qualität des Arbeiters sollte in allen Industrien viel mehr durchgeführt werden, als es heute noch der Fall ist. Kleinigkeiten können viel ausmachen. Schichtet man die Ziegel so auf die Packen, daß jeder Stein mit der Kante nach oben steht und das obere Ende an die Handflächen des Maurers anstößt, wenn er den Arm herunterhängen läßt, so spart man dadurch von der hochwertigen Kraft des Maurers durchschnittlich an jedem Backstein eine Bewegung (siehe Bild 4—7). Auch können täglich viel mehr Ziegel gelegt und die Baukosten wesentlich verringert werden, wenn ein minder qualifizierter und schlechter bezahlter Arbeiter die Backsteinpacken zur Arbeitsbühne trägt und sie dort ganz genau auf den Platz stellt, von wo sie vom hochwertigen Maurer am bequemsten abgenommen werden können. Die Ziegel müssen auf dem Packen bleiben, auf den sie gebracht wurden. Bleiben die Ziegel auf dem Packen, so kann er leichter verhoben werden als ein Haufen loser Ziegel, und wird immer in der gleichen Konstellation zum Mauerrand bleiben; der Maurer wird also trotz größerer Entfernung des Mauerrandes keine anderen Bewegungen ausführen müssen (siehe Bild 2 u. 8).

Unter minder qualifizierter Arbeitskraft wird dabei nicht etwa ein mittelmäßiger Arbeiter verstanden, sondern immer der beste Arbeiter, den man für diese Art Arbeit bekommen konnte, gleichgültig was er auch verdienen mag.

5. Die Veranlagung des Arbeiters.

Trotz allem empfiehlt es sich auch, auf die individuelle Veranlagung des Arbeiters Rücksicht zu nehmen. Die einen arbeiten lieber außen mit Verblendsteinen, die andern lieber innen. Das ist Veranlagungssache. Ein Maurer, der mit Verblendsteinen zu arbeiten gewöhnt ist, würde oft lieber arbeitslos sein, als daß er sich mit Innenarbeiten beschäftigen ließe, selbst wenn sie ihm mehr einbrächten. Andrerseits gibt es viele Maurer, die am allerliebsten gewöhnliche Backsteinmauern aufführen, nicht aus Mangel an Zutrauen zu sich selbst, sondern weil sie zu Kraftleistungen neigen und gerne hohe Ausbeuten und entsprechenden Lohn erzielen. Solche Leute finden es gar nicht langweilig, Tag für Tag gewöhnliche Backsteine zu legen. Für sie ist jeder Backstein so verschieden vom andern, wie ein Mensch vom andern. So kommt es vor, daß mancher Maurer noch gern an gewisse Backsteineinzelheiten und spezielle

Backsteinarbeiten früherer Jahre zurückdenkt, wenn er auch sonst gar nicht mehr weiß, wo und bei welchem Bau das war.

Auf solche besondere Vorliebe der Leute muß man bei der Arbeiterauslese Rücksicht nehmen. Wo es dem Arbeiter am besten gefällt, dort arbeitet er auch am besten, und dort hält er sich auch lieber an die Vorschriften der Anleitungskarte.

6. Ausdauer und Ermüdung des Arbeiters.

Ausdauer und Ermüdungserscheinungen sind wichtige Koeffizienten, die bei Bewegungsstudien immer im Auge behalten werden sollten. Das Normalarbeitsverfahren sollte die ökonomischste Reihenfolge der ökonomischsten Bewegungen darstellen; und am ökonomischsten ist eben die Bewegung, bei der mit möglichst wenig Kraftaufwand möglichst viel erreicht wird.

Ermüdungserscheinungen sind die Folge von bestimmten Ausscheidungen, die sich im Blute bilden[1]). Sich ermüden heißt sich vergiften, wie man sich mit Diphtheritistoxin oder sonst irgendeinem Gifte vergiftet. Die Ermüdungsgifte sammeln sich bei jeder Arbeit im Körper, der sich normalerweise selbst schützt und genug Gegengifte zur Unschädlichmachung des Ermüdungsgiftes herstellt. Der Körper kann aber nicht mitkommen und nicht genug Gegengifte produzieren, wenn übergroße Mengen von Ermüdungsgiften ins Blut kommen. Dann entsteht ein Mißverhältnis und der Mensch wird krank, weil sich immer mehr Gifte im Körper sammeln. Der kranke Mensch aber kann weder physisch noch psychisch so viel leisten wie ein anderer.

Andauernde schwere Arbeit dagegen trainiert den Körper so, daß der an diese Arbeit gewöhnte Mensch mit der Zeit mehr Gegenermüdungsgifte produzieren und mit geringerer Ermüdung arbeiten kann.

Dabei müssen allerdings drei Arten von Ermüdungserscheinungen unterschieden werden:

1. Die Ermüdung infolge unzureichender Erholung, also die Müdigkeit, die der schlechtausgeruhte Arbeiter morgens schon mit zur Arbeit bringt.

---

[1]) Siehe den mit „I. M. T." gezeichneten Aufsatz in „The American Magazine" Februar 1910.

2. Die unnötige Ermüdung durch unnötigen Kraftaufwand, durch unnötige Bewegungen, unbequeme Haltung oder widrige Arbeitsbedingungen.

3. Die unvermeidliche Ermüdung durch Arbeitsleistung.

Jede Bewegung ist ein Kraftaufwand und macht müde, und zwar bedeuten dieselben Bewegungen bei der gleichen Art Arbeit für alle hochqualifizierten bzw. gleichqualifizierten Arbeiter denselben Kraftaufwand, so daß sie alle etwa gleich viel Erholung brauchen, um im Körper genug Gegengifte zu produzieren, vorausgesetzt allerdings, daß sie dieselben Gewohnheiten haben und ihre Erholungszeit nach der Arbeit in gleicher Weise verwenden.

Die notwendige Erholungszeit ist nach dem Grad des Energieverbrauches für verschiedene Arten von Arbeit verschieden, und zwar kann die Summe der notwendigen Erholung auf Grund von Untersuchungen genau berechnet werden. Für verschiedene Arbeiten stellte Frederick Winslow Taylor derartige Tabellen unter genauer Berechnung der erzeugten Ermüdung, wie der zu ihrer Aufhebung notwendigen Erholungszeit auf. Er teilte dabei die verschiedenen Arbeiter in Klassen und berechnete das Pensum der einzelnen je nach ihren Leistungen.

Für das Bauhandwerk existieren noch keine derartigen Tabellen, dagegen eine ganze Reihe von Leistungsziffern von Maurern bei den verschiedensten Arten von Arbeit. Es steht fest, daß der Arbeiter desto mehr Erholung braucht, je unbequemer die Stellung ist, in der er arbeitet, und daß, je mehr Ermüdung durch unbequeme Haltung erzeugt wird, desto geringer die Ausbeute. Ein Arbeiter, der z. B. nicht bequem steht und schon allein dadurch körperliche Hindernisse überwinden muß, kann auf die Dauer nicht so rasch arbeiten. Seine Ausdauer muß nachlassen, da sich mit der Zeit immer größere Müdigkeit einstellt und sich die Ermüdungsgifte unverhältnismäßig stark vermehren.

Wohl kann es vorkommen, daß sich die Arbeit im ersten Augenblick auch bei unbequemer Stellung gleich rasch ausführen läßt, wie bei bequemer, nach kurzer Zeit aber wird sich der Unterschied schon bemerkbar machen. Ein Maurer kann wenige Minuten hindurch geradeso rasch mauern, wenn er sich zum Ziegelholen nach dem Boden bücken muß (siehe Bild 9), als wenn er nur nach dem etwa 60 cm über dem Boden angebrachten Materialgerüst zu langen braucht, bei dem die Handfläche des herunterhängenden

Armes dicht an der oberen Ziegelkante anstößt (siehe Bild 10—12). Aber auf die Dauer wird er durch das Bücken müde, und seine Arbeitsgeschwindigkeit erlahmt. Darum sollte jeder Arbeitsplatz nicht nur ans Rücksicht auf den Arbeiter, obwohl dieser Grund allein auch schon genügen müßte, sondern auch aus ökonomischen Gründen so ausgerüstet sein, daß der Arbeiter bequem arbeiten kann und nicht durch Äußerlichkeiten Kraft verbraucht, die er besser für die Arbeit aufwendet.

Das vom Verfasser konstruierte Baugerüst mag als Musterbeispiel gelten, wie durch sinngemäße Einrichtung des Arbeitsplatzes bisher unnötig geleistete körperliche Arbeit einfach wegfallen kann. Ein Sparen an Hilfsgeräten würde in diesem Falle Verschwenden heißen. Beim Bauen zu ebener Erde beispielsweise müssen Planken gelegt werden. Das Stehen auf ungeebnetem Boden, der dazu womöglich nachgibt und keinen Halt bietet, ermüdet schon fast so wie die Arbeit selbst.

Auch ist es weit weniger ermüdend, sich vornüber zu beugen und etwas vom Boden aufzuheben, wenn man die andere Hand beim Bücken aufstützen kann. Man verlegt dann das ganze Gewicht auf den einen Fuß und streckt den andern nach hinten, was die Rückenmuskeln lange nicht so anstrengt als freihändiges Bücken. Diese Tatsache ist für Maurer von großer Bedeutung, da sie viel Kraft und viel unnütze Ermüdung sparen könnten, wenn nur immer Platz zum Aufstützen der einen Hand da ist.

Solche an und für sich nichtig scheinende Kleinigkeiten sind weit wichtiger, als man glaubt. Ein Atom gesparten Ermüdungsgiftes bei jeder Bewegung ist ein Atom gesparter Kraft bei jeder Bewegung und macht auf die Dauer eines Tages oder einer Woche schon eine erhebliche Menge Kraft aus. Eben um diese Menge kann der Mann mehr leisten; seine Ausdauer hat sich um diese Menge gesteigert.

Die Arbeitsmethode ist für die Ausdauer des Arbeiters von größter Wichtigkeit. Langsame Bewegungen sind dabei keineswegs immer weniger ermüdend als rasche, im Gegenteil oft anstrengender. Es kommt eben immer auf das Verhältnis des Kraftaufwandes zur geleisteten Arbeit an. 85 Pfund Ziegel auf einmal zu einer Mauer zu tragen, macht lange nicht so müde, als wenn die Ziegel einzeln, Stück für Stück, oder immer nur zwei oder drei auf einmal hingebracht werden müßten. Bei richtiger Wahl der Packen-

Fig. 1. Mauergerüst, bei dem sich der Maurer nicht zu bücken braucht.

Fig. 3. Benutzung der Schwerkraft beim Ziegelverladen, so daß der Arbeiter sich nicht zu bücken braucht.

Fig. 4. So müssen die Ziegel von den oberen Packen abgenommen werden.

Fig. 5. So dürfen die Ziegel nicht von den oberen Packen abgenommen werden.

Fig. 6. Ziegel von den unteren Packen müssen so abgenommen werden.

Fig. 7. So dürfen die Ziegel von den unteren Packen nicht genommen werden.

Gilbreth-Colin Ross, Bewegungsstudien.

Fig. 2 siehe Rückseite.

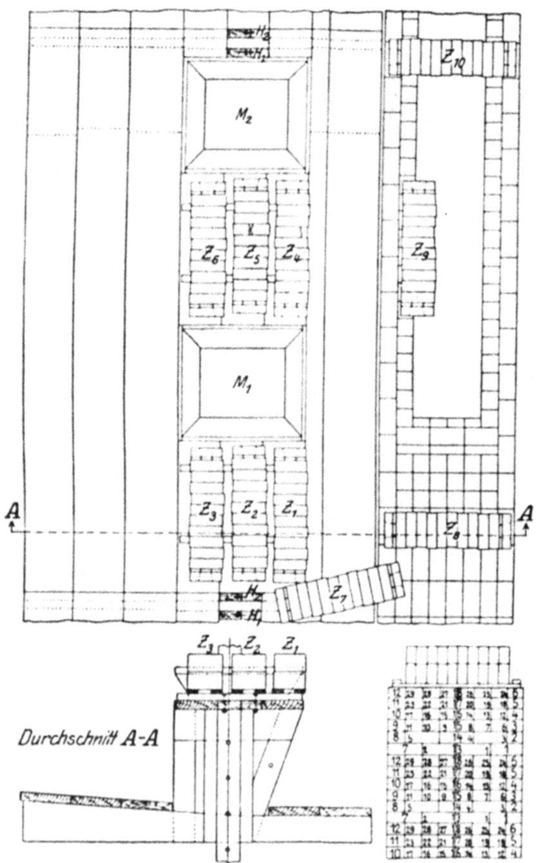

Fig. 2. Schematische Darstellung des Gilbrethschen Mauergerüsts
(ganzseitig).

Die Zahlen an der Wand geben die Reihenfolge an, in der die Ziegel
vom Gilbrethschen Mauergerüst aus beim „Pack-on-the-wall"-Verfahren
mit wenigsten, kürzesten und wirtschaftlichsten Bewegungen verlegt
werden können.

Fig. 8. Materialgerüst mit richtig angeordneten Ziegelpacken.

Fig. 9. So unzweckmäßig
wird in der Regel dem Maurer
das Material zugestellt.

Fig. 12. Richtige Anordnung von
Ziegelpacken und Mörtelschaff bei
schulterhohen Mauern, wenn jeder
Ziegel einzeln eingemörtelt wird.

Fig. 10. Richtige Anordnung von Ziegelpacken und Mörtelschaff bei Unter-
grundmauern. Die Ziegelpacken müssen in diesem Fall niedrig sein.

Fig. 11. Richtige Anordnung von Ziegelpacken und Mörtelschaff bei
halbmannshohen Mauern. Die Ziegelpacken müssen in diesem Fall
hoch sein und die Schaffs erhöht stehen.

größe kann der Maurer wahrscheinlich verschiedene Mal soviel Ziegel mit dem gleichen Ermüdungsergebnis schleppen als bei Einzeltransport.

Um die größte Ausdauer bei den Arbeitern zu erzielen und sie am wenigsten zu ermüden, müssen daher zwei Punkte im Auge behalten werden:

1. Alle unnötige Ermüdung muß wegfallen. Das Arbeitsverfahren muß so genau durchstudiert werden, daß es wirklich nur ökonomisch völlig unerläßliche Bewegungen enthält.

2. Wie die Arbeit genauen Bestimmungen unterliegt, muß auch die Erholung genau bestimmt sein. Auf intensive Arbeit muß intensive Erholung folgen, damit der Arbeiter immer wieder frisch an die Arbeit herantritt und sich nie überschüssige Ermüdungsgifte im Körper sammeln.

Bei den alten Betriebssystemen mußte der Arbeiter immer „etwas tun", selbst wenn er eigentlich gar keine Arbeit hatte. Sonst galt er eben als faul und machte sich unbeliebt. Die Folge davon war, daß sich der Arbeiter während der Arbeit ausruhte und sich dabei den Schein von Arbeit gab. Er erholte sich einfach durch systematisches Bummeln. Und das ist der Krebsschaden der alten Betriebssysteme: Arbeit und Erholung entzieht sich jeder Kontrolle; da keine scharfe Trennung zwischen beiden, bleibt beides ungenügend.

Das System der wissenschaftlichen Betriebsführung räumt mit diesem Übelstande auf. Der Unternehmer weiß, daß jeder Arbeiter Erholung braucht und erkennt es offen an. Für jede Arbeit sind genau bestimmte Ruhepausen vorgesehen. Diese müssen eingehalten werden.

Auch wenn einer aus irgendeinem äußeren unvorhergesehenen Grunde die ihm zugewiesene Arbeit nicht ausführen kann, so ruht er sich aus. Nicht daß er dann an irgend etwas anderem herumarbeitet, wobei doch nichts Rechtes herauskommt! Dadurch gewöhnt er sich nur an Herumbummeln und langsames, undiszipliniertes Arbeiten. Dann lieber gleich eine ausgesprochene Arbeitspause. In diesem Punkte wird noch viel gesündigt!

Zur Abhilfe ließ ein Unternehmer eigens für solche Fälle Tische und Stühle aufstellen. Trat eine unvorhergesehene Arbeitspause ein, so ruhten sich die Arbeiter da aus. Nebenbei hatte diese Einrichtung den Vorteil, daß man sofort übersehen konnte, wo die Arbeit ausgegangen war.

Wenn einer so müde ist, daß er einfach nicht mehr in der gewohnten Weise weiterarbeiten kann, so muß er ausruhen. Und er muß so lange ausruhen, bis er sich vollständig erholt hat, damit er, wenn er wieder zu arbeiten anfängt, mit voller Kraft arbeiten kann.

Erholung ist dabei nicht gleichbedeutend mit Faulenzen oder Nichtstun. Der Arbeiter kann während seiner Ruhepausen die Arbeitsanleitungskarte durchlesen, oder seine Leistungszahlen auf seiner Karte eintragen, oder irgend sonst etwas tun, was von seiner gewöhnlichen Arbeit abweicht. Abwechslung in der Arbeit ist oft schon Erholung.

Die Hauptsache ist, daß sowohl Arbeit wie Erholung wissenschaftlichen Grundsätzen unterliegen, daß während der Arbeit keine unnötig ermüdende Bewegung gemacht wird, und die Erholung für die unvermeidlichen Kraftanstrengungen ein Gegengewicht bietet. Dann können sich keine Ermüdungsgifte im Körper ansammeln, und die Gesundheit kann nicht unter der Arbeit leiden. Dann kann der Arbeiter aber auch Tag für Tag und Jahr für Jahr dieselbe Arbeit leisten und wird nie in seiner Ausdauer nachlassen, im Gegenteil die Leistung steigern, da ja der Körper durch Gewöhnung leistungsfähiger wird.

7. Die Geschicklichkeit des Arbeiters.

Der Arbeiter ist in der Regel der geschickteste, der neue Arbeiten am raschesten erfaßt. Ein geschickter Maurer braucht das Ziegellegen nur einmal gezeigt zu bekommen und arbeitet dann richtig. In der Regel macht er es aber nur richtig, solange man dabei steht und probiert, sobald man den Rücken wendet, arbeitet er auf eigene Faust nach anderen Verfahren. Dagegen muß von Anfang an angekämpft werden, da ein solches Herumprobieren zu gar nichts führt. Die Arbeitsmethode, die man ihm gezeigt hat, ist festgestelltermaßen die wirtschaftlichste und beste. Darum muß man dem Arbeiter von vorneherein erklären, warum er mit dieser oder jener Bewegung mehr erreicht als mit irgendeiner anderen.

Die erste Schulung ist sehr wichtig für den Arbeiter; denn von ihr hängt oft einzig und allein seine spätere Entwicklung ab. Die Geschicklichkeit, die er sich bei seinen ersten Übungen aneignet, bildet die Grundlage für seine ganze weitere Ausbildung. Daher ist es von großer Bedeutung, ob diese Geschicklichkeit die richtige ist oder nicht. Kein Arbeiter darf sich falsche Griffe oder unökonomische Bewegungen angewöhnen. Der betreffende Funktionsmeister muß von vornherein strengstens darauf halten, daß die Arbeitsmethode ganz genau eingehalten wird und dem Arbeiter überhaupt keine anderen Ausführungsmöglichkeiten in den Sinn kommen.

Am besten fährt man, wenn man zuerst die richtigen Bewegungen zeigt, und erst, wenn der Arbeiter diese beherrscht, die Qualität der Arbeit ansieht. Ein Maurerlehrling muß zunächst die als best erkannte Baumethode lernen, und erst, wenn er alle Bewegungen automatisch genau so ausführt, wie sie in der Norm beschrieben stehen, prüft man das Ergebnis seiner Arbeit. Dabei kommt es gar nicht darauf an, ob man seine ersten Arbeiten überhaupt brauchen kann, oder ob sie von einem alten Arbeiter noch einmal überarbeitet werden müssen. Er hat gelernt, wie man arbeitet, und das ist zunächst die Hauptsache.

Sind alle Bewegungen richtig, dann fällt die Arbeit nach und nach schon von selbst gut aus. Es ist eine der unsinnigsten Einrichtungen der alten Betriebssysteme, daß man zuerst darauf hält, daß der Arbeiter gut arbeitet, und dann erst seine Arbeitsweise zu beschleunigen sucht. Dadurch gewöhnen sich die Arbeiter an umständliche, langsame Bewegungen und können sich später nur schwer wieder von ihren alten Arbeitsgewohnheiten freimachen. Das System der wissenschaftlichen Betriebsführung lehrt deshalb zuerst, wie man rasch arbeitet, und alles andere kommt dann von selbst. Nur so haben Bewegungsstudien einen Sinn, weil man nur so die Garantie hat, daß die Arbeiter wirklich die Erfahrungen, die man bei Bewegungsstudien machte, die Ergebnisse der Bewegungsstudien praktisch nutzbar machen. Wer von vornherein richtig zu arbeiten gelernt hat, wird sein ganzes Leben lang richtig arbeiten und viel leisten, da ihm dann die richtigen Bewegungen in Fleisch und Blut übergegangen sind.

8. Die Arbeitsgewohnheiten des Arbeiters.

Auch für alte, erfahrene Arbeiter lohnt sich meist noch das Erlernen der auf Grund genauer Studien ermittelten richtigen und wirtschaftlichsten Arbeitsverfahren. Nur bei kleineren, mehr gelegentlichen Arbeiten drückt man besser ein Auge zu und läßt dem

Mann seine alte Arbeitsweise, um nicht um dieser kleinen Arbeit willen seine alten Arbeitsgewohnheiten umzustoßen. Dabei hat man aber dann Gelegenheit, an der getrennt gemessenen Ausbeute der einzelnen Arbeiter festzustellen, ob die alte Arbeitsgewohnheit oder die durch das System der wissenschaftlichen Betriebsführung auf Grund von Bewegungsstudien aufgestellte Normalarbeitsmethode rentabler ist. Allerdings kommt es dabei auf die Arbeitsgewohnheiten der Leute an, ob sie schon einigermaßen diszipliniert oder ganz planlos sind, ob die Gewohnheit selbst tief sitzt oder bald vergessen sein wird. In den meisten Fällen wird doch im Konkurrenzkampf die alte Arbeitsmethode unterliegen, trotzdem die neue Arbeitsweise den Leuten noch ganz neu und ungewohnt sein mag.

Schlechte Arbeitsgewohnheiten auszumerzen, ist meist sehr schwer. Die Baumethode ist beispielsweise in verschiedenen Gegenden Amerikas verschieden. In manchen Gegenden Neu-Englands ist die sogenannte „Pick and Dip"-Methode gebräuchlich, bei der der Maurer mit der einen Hand nach dem Ziegel langt, während er gleichzeitig mit der anderen eine Kelle Mörtel schöpft. Die Form des Mörtelschaffs, die Anordnung von Ziegel und Mörtel auf der Arbeitsbühne, die Konstruktion der Bühne selbst, die Reihenfolge, in der er Strecker und Läufer legt, und schließlich die Vorschriften der Gewerkschaften richten sich nach dieser bestimmten Baumethode, bei der nur eine kleine Spartelkelle benutzt wird, die gerade genug Mörtel für einen Backstein faßt. Leute, die nach diesem Verfahren mauern, gewöhnen sich nachträglich nur sehr schwer an die sogenannte „String mortar"-Methode, die im Westen üblich ist, wie sich andererseits die hier ausgebildeten Maurer nur schwer mit der „Pick and Dip"-Methode befreunden und lange brauchen, bis sie sie so beherrschen wie ihre eigene. Die größten Schwierigkeiten aber hat der Unternehmer, der die Vorteile beider Systeme vereinen will.

Nicht nur, daß die althergebrachten Arbeitsgewohnheiten schwer abzulegen sind, sie sind auch beim Erlernen der neuen Arbeitsweise hinderlich. Der Arbeiter hat sich an so viele unnötige Bewegungen gewöhnt, daß er gar nicht verstehen kann, daß so wenig Griffe auch genügen sollen. Vor allem hat er gar nicht gelernt, auf die Zahl der Bewegungen überhaupt zu achten und sich seine Arbeit planmäßig einzurichten. So kostet es viel Mühe und Geduld, alten Arbeitern neue Arbeitsmethoden beizubringen, meist weit mehr, als zum Anlernen junger Kräfte nötig ist.

Deshalb dringe man bei kleineren von Gelegenheitsarbeitern ausgeführten Arbeiten nicht unbedingt auf Einhaltung der Normalarbeitsmethode; man sei jedoch vorsichtig bei der Wahl des Vorarbeiters und nehme hierzu möglichst Leute, die sich von selbst rasch und willig den Vorschriften der Anweisungskarte anpassen, — doch vergesse man nie, daß der Mann anders zu arbeiten gewöhnt war.

Bei großen Arbeiten dagegen ist es am zweckmäßigsten, die alten Arbeitsgewohnheiten der Arbeiter ganz außer acht zu lassen, und von allen zu verlangen, daß sie sich ganz genau an die Anweisungskarte halten. Je genauer das einer fertig bringt, um so mehr muß es der Betriebsführung dann auch daran gelegen sein, den Mann dem Betrieb zu erhalten.

Wer sich an strenge Einhaltung der Anweisungskarte gewöhnt hat, wird an jede neue Arbeit gleich richtig herangehen und sie bald beherrschen. Er wird bei jeder Arbeit große Leistungen erzielen, da er mit seiner Kraft hauszuhalten gelernt hat.

9. Die Ausbildung des Arbeiters.

Dieser Abschnitt trifft für deutsche Verhältnisse nicht zu und muß für das heutige Amerika auch als veraltet angesehen werden.

Einen Arbeiter ausbilden, heißt unter wissenschaftlicher Betriebsführung nichts anderes, als einen Arbeiter instand setzen, die Vorschriften der Anweisungskarten auszuführen. Kann er dies, so ist seine Lehre beendet, gleichgültig wie alt er ist.

Die heutige Form der Lehre, bei der ein junger Arbeiter eine ganz bestimmte Anzahl von Jahren umsonst arbeiten muß und meist nur untergeordnete Arbeiten verrichten darf, während er zu größeren Leistungen befähigt wäre, ist ein Hohn auf alle Vernunft. Theoretisch lernt er während dieser Lehrzeit so gut wie gar nichts, da sein Lehrmeister selbst gar nicht theoretisch gebildet ist und meistenteils auch kein pädagogisches Talent hat. Aber selbst wenn beides der Fall sein sollte, kann er dem Lehrling doch immer nur beibringen, was er selbst weiß, und das ist in den seltensten Fällen das Neueste.

Der Unterricht in den Gewerbeschulen leidet andererseits an mangelnder Praxis und bleibt allzu leicht im rein Theoretischen stecken. Der junge Mensch lernt hier wohl die Grundregeln seines Handwerks; aber er kann nicht lernen, worauf es in der Praxis ankommt, daß der Erfolg der Arbeit nicht lediglich von theore tischem Wissen abhängt. Auf der einen Seite zu wenig systematisches Vorgehen, auf der andern zu viel Theorie; und dabei wäre es doch so wichtig, beides in ein richtiges Verhältnis zu einander zu setzen!

Unter unseren modernen Verhältnissen ist die Lehre in ihrer althergebrachten Form einfach absurd und ein Verbrechen an den Lehrlingen, die ihre beste Zeit opfern müsssen, ohne Entgelt und ohne dafür wirklich gründlich den modernen Anforderungen entsprechend ausgebildet zu werden. Die zwei oder drei Jahre Lehrzeit sind einfach eine Verschwendung an Kraft und Arbeitsfreude. Wenn ein Lehrling immer nur Kleines tun darf und doch so gern Großes leisten möchte, wenn seine Leistung immer künstlich zurückgehalten wird, dann verliert er seine Arbeitsfreude, die ihm doch für sein ganzes späteres Leben so viel wäre.

10. Die Arbeitsfreude.

Die Arbeitsfreude macht viel aus. Tut der Arbeiter seine Arbeit gern und empfindet er Freude daran, so leistet er viel. Eine Arbeit, die einem liegt und Freude macht, geht viel rascher von der Hand als unliebsame, erzwungene. Ganz von selbst hält sich der Mann dann an die Vorschriften der Anweisungskarte und braucht sich gar keine besondere Mühe zu geben, um die angegebenen Zeiten einzuhalten. Er braucht dann auch nicht so viel Erholung; denn er hat die Arbeit gern gemacht; die Ermüdung war daher nicht so groß, als wenn das Umgekehrte der Fall gewesen wäre. Wenn einer gern arbeitet, will er auch unter allen Umständen an seinem Posten bleiben und wird alles tun, um mit der Betriebsführung in Einklang zu leben.

11. Die Gesundheit des Arbeiters.

Die Gesundheit des Arbeiters ist einer der wichtigsten Faktoren, der bei Bewegungsstudien in erster Linie berücksichtigt werden muß. Nur wer gesund ist, kann tüchtig arbeiten und viel leisten, und ihn kostet die Arbeit auch lange keine so große Anstrengung wie einen körperlich Schwachen.

Die Gesundheit kann einerseits durch die Arbeit leiden, andererseits auch durch außerhalb der Arbeit liegende Faktoren, wie ungesunde Häuslichkeit, schlechte Nahrung, unhygienischen Lebenswandel usw. Die außerhalb der Arbeit liegenden Faktoren zu kontrollieren, steht der Betriebsführung nicht zu. Das ist Sache der Wohlfahrtsabteilung.

Ist der Arbeiter gebildet genug, um zu wissen, daß er nur bei voller Erhaltung seiner Gesundheit viel leisten kann, und daß er nur bei hygienischem Leben gesund bleiben kann, so wird er schon selbst für hygienische Lebensbedingungen sorgen. Im Notfall wendet er sich an die Wohlfahrtseinrichtungen des Unternehmers, die ihm mit Rat und Tat zur Seite stehen, sobald der Arbeiter sie in Anspruch nimmt. Aufgezwungen werden sie niemandem.

Die Arbeit selbst darf der Gesundheit des Arbeiters keinen Abbruch tun. Wenn die Vorschriften der Anweisungskarten eingehalten werden, kann das nicht vorkommen; denn diese Karten sind auf Grund genauer Forschungen ausgearbeitet.

Andererseits ermöglicht das System der wissenschaftlichen Betriebsführung durch die Arbeitssteigerung und die dadurch verdienten höheren Löhne eine bessere Lebensführung. Der Arbeiter, der mehr leistet, verdient mehr und kann für seine ganze Lebensführung mehr aufwenden, er kann sich besser ernähren, besser wohnen und mehr für seine Erholung ausgeben.

12. Die Lebenshaltung des Arbeiters.

Allerdings kann der Arbeiter den Mehrverdienst auch für Vergnügungen und gesundheitsschädliche Dinge verwenden. Die hohen Löhne können insofern die Lebenshaltung ungünstig beeinflussen. Das wird jedoch nur selten vorkommen und sich ganz selbsttätig regeln. Da die Leistung jedes einzelnen gesondert gemessen wird, muß sich seine geringere Leistungsfähigkeit infolge ungesunder Lebensführung sofort bemerkbar machen und sich in niederem Lohn ausdrücken.

Die Lebensführung ist ein sehr wichtiger Einflußfaktor der Arbeit, der eingehender Untersuchung wert ist. Nur würde sie hier zu weit führen, da sich die Lebensführung aus so verschiedenen Faktoren zusammensetzt, die alle ausführlich untersucht werden müßten, und das ganze Problem ein Komplex von Fragen der verschiedensten Art darstellt, deren Beantwortung nur in einem großen wissenschaftlichen Werk möglich wäre.

13. Die Ernährung des Arbeiters.

Beim Militär spielt die Ernährungsfrage eine große Rolle. Der Nährwert der einzelnen Speisen wird bei Zusammenstellung des Speisezettels berücksichtigt, und gerade beim Militär wird immer

und immer wieder die Beobachtung gemacht, daß die Art der Ernährung für die Spannkraft und Leistungsfähigkeit des Soldaten
äußerst wichtig ist.

Wer viel arbeiten muß, sollte auf zuträgliche Speisen achten,
die ihm so viel Energien zuführen, wie er zum Aufbau des Körpers
braucht. Welche Speisen zu diesem Zweck für den Arbeiter in
Betracht kommen, sollte sorgfältig ausstudiert und ausprobiert
werden[1]). Die hygienischen und medizinischen Institute könnten
mit den Wohlfahrtseinrichtungen der Fabriken Hand in Hand arbeiten. Sie könnten auf Grund der bereits vorhandenen Ermittlungen
auf diesem Gebiet Tabellen und Listen ausarbeiten, aus denen der
Nährwert der einzelnen Speisen ersichtlich ist, und danach praktische Speisezettel und Rezepte für die Arbeiterküche ausarbeiten.
Diese Rezepte müßten nahrhaft und leicht bekömmlich sein, und
dabei doch dem Geschmack des Arbeiters Rechnung tragen. Sind
die für die Arbeiter zweckmäßigen Nahrungsmittel teuer oder um-
ständlich zu beschaffen, so müßte der Unternehmer für ihre Beschaffung und Verbilligung sorgen. Und er wird bald merken, daß
sich solche Fürsorge in richtiger Form lohnt; denn nur der gut er-
nährte Arbeiter kann gut arbeiten.

14. Geistige Momente.

Sehr oft sind auch innere, in der Persönlichkeit des Arbeiters
liegende Momente für den Ausfall der Arbeit wichtig. Jeder arbeitet
lieber unter einem ihm sympathischen Meister und für einen Unternehmer, den er schätzt. Die Nationalität und die Religion des
Arbeiters spielen dabei eine große Rolle. Es gibt ein gewisses Gefühl des Zusammenhaltes, wenn Arbeiter, Meister und Unternehmer
der gleichen Nationalität angehören oder andere gemeinsame Inter-
essen haben. Bei einem Verfahren, wo die Ausbeute jedes einzelnen getrennt gemessen wird, spielt dies Zusammengehörigkeits-
gefühl keine große Rolle, wo aber in Rotten gearbeitet wird,
ist die Berücksichtigung solcher Momente doppelt wichtig.

Oft kommt es sogar vor, daß der Arbeiter bei Ausführung der
Arbeit an den denkt, der das fertige Produkt einmal benutzen soll
und sich in seiner Arbeitsfreude von seiner Sympathie, bzw. seiner

---

[1]) Es sei hier daran erinnert, daß es sich um ein amerikanisches
Buch handelt. In Deutschland gibt es genug Tabellen und Bücher
dieser Art.

Antipathie gegen den späteren Besitzer beeinflussen läßt. So hat man z. B. beobachtet, daß katholische Arbeiter nicht so gerne an einer protestantischen Kirche bauen, dagegen doppelt eifrig sind, wenn es eine Kirche des eigenen Glaubens zu bauen gilt. Dasselbe gilt natürlich auch von Protestanten beim Bau katholischer Kirchen, von Demokraten beim Bau monarchischer Ruhmeshallen und so weiter. Wenn sich derartige Fälle auch nicht immer vermeiden lassen, so ist eine Berücksichtigung dieser Momente doch sehr empfehlenswert.

Zusammenfassung.

Die hier angeführten Koeffizienten sollen nur Beispiele sein und ein Hinweis darauf, wie man an die Untersuchung derartiger Probleme herangehen muß. Alle Koeffizienten der Arbeit aufzuzählen, würde, wie schon gesagt, hier zu weit führen. Die Anlagen der Menschen sind von Geburt an verschieden, und ihre Entwicklung ist verschieden. Dazu kommt der geistige und körperliche Einfluß der Umgebung, der Unterschied in Erziehung und Ausbildung, so viele physische und psychische Momente, daß wirklich kein Mensch dem andern gleich sein kann. Aber gerade weil die Menschen verschieden sind, sei man vorsichtig in der Auswahl der Arbeiter und setze alles daran, um Arbeit und Arbeiter miteinander in Einklang zu bringen. Man sorge dafür, daß der Arbeiter selbst alles tun kann, um seine speziellen Anlagen auszubilden und durch die Art seiner Arbeit sich weiterzuentwickeln. Man nütze die Verschiedenartigkeit der Menschen, man unterstütze jeden einzelnen in der Ausbildung seiner speziellen Anlagen, sorge dann aber auch dafür, daß er ihnen gemäß beschäftigt wird. Dann wird er das Meiste leisten und dem Unternehmer am meisten nützen. Er wird selbst viel verdienen und viel freie Zeit gewinnen, so daß er sich sein Leben schön gestalten kann.

III. Die Arbeitsbedingungen.

Als Arbeitsbedingungen werden hier die wichtigsten äußeren Einflußmomente auf die Arbeit zusammengefaßt. Dieser Einfluß von Arbeitsstätte und Werkzeug unterscheidet sich insofern von den bisher behandelten, im Arbeiter selbst liegenden Arbeitskoeffizienten, als sie nicht naturgegeben sind wie diese, und daher nur durch langwierige Schulung an die Anforderungen der Arbeit angepaßt werden können, sondern im Gegenteil fast lediglich in der Hand des Unternehmers liegen und meist ebensogut und mit denselben Kosten gut eingerichtet werden können wie schlecht.

1. Die Arbeitsanordnung.

Mit möglichst wenig Kraftaufwand möglichst viel zu erreichen, sei oberster Grundsatz. Darum sei dem hochwertigen Spezialarbeiter die Arbeit so erleichtert und vorbereitet, daß er wirklich nur seine ureigenste Arbeit auszuführen braucht. Der Maurer, der nach dem Maurersystem des Verfassers arbeitet, führt nur ein ganz bestimmtes Bewegungsbild aus. Er steht in vorgeschriebener Beinstellung auf zwei federnden Planken seiner Arbeitsbühne, greift in vorgeschriebener Bewegung nach dem auf einem eigens dafür errichteten Materialgerüst bereitgestellten, vorbereiteten Material und verlegt die Ziegel und vermörtelt in vorgeschriebener Bewegung nach vorgeschriebenem System. Arbeitsbühne, Materialgerüst und Mauerrand bleiben ständig in bestimmter Entfernung zueinander, so daß der Körper des Maurers in derselben Stellung bleiben kann, eben in der, die auf Grund von Bewegungsstudien als die bequemste gefunden wurde; die Arme haben die auf Grund von Bewegungsstudien als die ökonomischsten und raschesten erkannten Bewegungen auszuführen, und auch die Hände sind in der Lage, den richtigen Griff zu greifen.

Grundbedingung hierfür ist allerdings:

1. Daß Arbeitsbühne, Materialgerüst und Mauerrand immer in derselben Entfernung zueinander bleiben, vgl. Bild 13—14. Die zweckmäßigste Entfernung von Arbeitsbühne zu Mauerrand ist 24 bis 32 amerikanische Zoll (60 bis 80 cm). Wird überhand gemauert, nicht mehr als 24, andernfalls besser 32 Zoll. Die Überhöhung des Materialgerüstes über die Arbeitsbühne beträgt am zweckmäßigsten rd. 90 cm. Wächst die Mauer, so wird das ganze Gerüst verstellt, und zwar automatisch mit einem Griff so, daß Arbeitsbühne, Materialgerüst und Mauerrand immer in derselben Lage zueinander bleiben. Hier liegen die Vorteile des sogenannten Gilbrethgerüstes, das die Verstellung von Arbeitsbühne und Materialgerüst eben mit nur einem Griff ermöglicht, ohne daß der Maurer seinen Platz zu verlassen braucht. Der Verstellungsspielraum richtet sich nach der Zahl der Schichten, die der Maurer ohne Änderung der Körper-

haltung aufführen kann. So und so viele Verblendsteinschichten und so und so viele Innenschichten können immer mit derselben Bewegung gelegt werden. Dann wird abgebrochen und das Gerüst verstellt. Da der Maurer dabei stehen bleiben kann, tritt keine Pause ein. Wieviele Schichten dies im Einzelfalle sind, richtet sich nach der Stärke der Mauer. Auf alle Fälle entsprechen die Verstellentfernungen des Gerüstes den Schichtmassen.

2. Daß Ziegelpacken und Mörtelschaff immer an derselben Stelle stehen, eben dort, wohin die Hand des Maurers am bequemsten greift. Nur wenn dies immer genau derselbe Platz ist, ist eine mit der Zeit fast automatische Bewegung des Maurerarmes möglich. Das Hinschaffen von Ziegel und Mörtel besorgen eigens dafür angestellte „Zuführer", die eben auf das Zuführen eingeübt sind; denn auch dies ist eine Kunst für sich. Es wäre Verschwendung, wollte man die hochwertige Kraft des Maurers auch mit der Zufuhr belasten (was leider noch vielfach der Fall ist), während andererseits ein nach den Grundsätzen wissenschaftlicher Betriebsführung an Hand von Bewegungsstudien angelernter Zuführer wahrscheinlich nur einen schlechten Maurer abgeben würde. Ein erstklassiger Zuführer, der sich an die Anweisungskarte hält, ist ebenfalls durchaus als hochwertige Kraft anzusehen. Aber das nur nebenbei.

Dem Zuführer liegt es ob, dafür zu sorgen, daß dem Maurer immer genug Mörtel und Ziegel „zur Hand" ist. Er selbst arbeitet ebenfalls nach ökonomischen Grundsätzen. Auch der Zufahrtsteg, der beim Gilbrethschen Maurergerüst dem Materialgerüst entlangläuft, hält sich in ganz bestimmtem Höhenunterschied zu diesem. Auch er wird zugleich mit Arbeitsbühne und Materialgerüst mit einem Griff verstellt.

Die Materialzufuhr wird am zweckmäßigsten so eingerichtet, daß ein Aufzug allen Mörtel und Ziegel ein Stockwerk über das, an dem gerade gearbeitet wird, hinaufschaffen kann, damit zum Anfahren die vollen Karren abwärts und die leeren aufwärts gehen können. Derartige Einrichtungen kosten im Augenblick mehr Geld, machen sich aber bald durch weit gesteigerte Ausbeute bezahlt.

3. Daß dem Maurer, wenn er nach dem Ziegelpacken greift, auch wirklich nur ohne weiteres verwendbare Ziegel in die Hand kommen. Die Ziegelpacken sind genau verlesen und entsprechend ihrer Verwendung geschichtet; Verblendsteine und Füllsteine in

richtiger Reihenfolge. Auch das ist wieder eine in sich geschlossene Tätigkeit, auf die besondere Leute spezialisiert sind. Weder Maurer, noch Zuführer haben mit dieser Arbeit etwas zu tun.

4. Daß der Mörtel immer die richtige Konsistenz hat. Dafür sorgt in der Regel beim Gilbrethschen Maurersystem ein eigener Materialmeister. Hat das Sandsieb Löcher, so bilden sich leicht Klumpen. Der Maurer muß dann den klumpigen Mörtel vom Ziegel abklopfen. Auch diese unnötigen Bewegungen kosten Zeit und Kraft und mindern die Ausbeute.

Die Vorteile dieses in der Praxis in Amerika bereits als „Gilbrethsches Mauern" bezeichneten Systemes müssen auch dem Laien ersichtlich sein.

Kein Maurer kann so rasch arbeiten, wenn er erst jeden Ziegel in der Hand herumdrehen muß, um zu sehen, ob er nicht brüchig und defekt ist, und wenn er zwischendurch so und so viele wegwerfen muß.

Kein Maurer kann so rasch arbeiten, wenn er sich immer wieder nach Ziegel und Mörtel bücken muß, statt aufrecht stehen zu bleiben.

Kein Maurer kann so rasch arbeiten, wenn er sich zum Mauern erst bücken, dann ausrecken muß, und wenn er sich den unordentlich aufgeworfenen Ziegelhaufen immer selbst wieder richten muß.

Nur um zu zeigen, was alles an zweckmäßiger Ausgestaltung des Arbeitsplatzes getan werden kann, wurde das Gilbrethsche Maurersystem hier so ausführlich behandelt. Die Nutzanwendung kann jeder, wie schon früher erwähnt, für seinen eigenen Fall ziehen und sich ausdenken, wie er in seinem besonderen Fall für sich oder für seine Leute ähnliche arbeitserleichternde und arbeitssparende Einrichtungen treffen kann. Die Arbeit kann viel leichter normalisiert werden, wenn der Arbeitsplatz normalisiert ist. Nur dann lassen sich auch die in dem betreffenden Fall auszuführenden Bewegungen bestimmen.

Zum Schluß seien nur noch einige kurze Hinweise gegeben, die für jede Art Arbeit Geltung haben. So ist das Anbringen eines Gerätebordes immer empfehlenswert, auf dem Geräte und Material abgelegt werden können. Dadurch wird viel Bücken gespart; denn sonst wird meist alles einfach auf den Boden gelegt, was mit der Zeit teurer kommt und umständlicher ist als das Anbringen eines billigen Brettes oder einfachen Regales. Schaufelt der

Arbeiter einen Karren voll, so muß ein Pfosten da sein, an dem er, wenn er mit dem Karren weggeht, die Schaufel anlehnen kann, oder noch besser ein Nagel an der Wand, an den die Schaufel gehängt wird.

Das alles sind Kleinigkeiten — aber alles Kleinigkeiten, die Kraft sparen. Und darauf kommt es an.

2. Die Werkzeuge.

Zu normalisierten Bewegungen und einem normalisierten Arbeitsplatz gehören normalisierte Werkzeuge. Der erste Grundsatz in der Werkzeugtrage heißt daher: Nie dem Arbeiter die Beschaffung seines Werkzeuges überlassen. Das ist unserer Ansicht nach zweckmäßigerweise Sache des Unternehmers. Es ist ja nur begreiflich, wenn der Arbeiter sparen will. Und er glaubt vielleicht zu sparen, wenn er sich eine billige Schaufel kauft statt einer teueren, selbst wenn er mit der teuern so viel mehr leisten kann. Man kann ja aber auch gar nicht von ihm verlangen, daß er weiß, welche für ihn die zweckmäßigste Schaufel ist.

Das System der wissenschaftlichen Betriebsführung sieht in der Auswahl des geeignetesten Werkzeuges eine ganz spezielle Arbeit, für die eigene Leute ausgebildet sind. Sie arbeiten mit den Beamten, die die Zeit- und Bewegungsstudien anstellen, Hand in Hand. Die Arbeiter selbst können höchstens nach langer Erfahrung rein empirisch herausbekommen, mit welchem Werkzeug sie am besten und raschesten arbeiten. Ehe sie aber eine Arbeit ganz genau kennen, ist das ganz unmöglich. Erfordern doch selbst gleich scheinende Arbeiten häufig ganz andere Werkzeuge. Bei Formziegeln z. B. arbeitet man zweckmäßiger mit kleiner Kelle, bei gewöhnlichen Ziegeln dagegen mit großen.

Die Gefahr liegt nahe, daß der Arbeiter, der eben noch bei Formziegeln mit kleiner Kelle mauerte, nachher beim Mauern von gewöhnlichen Ziegeln dieselbe Kelle beibehält. Er glaubt vielleicht, es lohnt sich nicht, die Kelle zu wechseln; oder er hat überhaupt nur eine Kelle, die er für alle Fälle benutzt. Solche Dinge sind vom ökonomischen Standpunkt aus große Fehler. Die Kraft des Menschen ist wertvoller als alles andere, und wenn durch irgendein Hilfsmittel Menschenkraft gespart werden kann, muß es geschehen.

Müssen die Arbeiter die Werkzeuge selbst stellen, so liegt auch die Gefahr nahe, daß sie sie zu lange benutzen und sich mit einem Werkzeug behelfen, das längst unbrauchbar ist. Einer alten Schaufel sollte gleich der Hals abgedreht, d. h. der Stiel abgebrochen werden, damit sie niemand mehr benutzen kann. Sonst wird sie immer wieder zur Arbeit genommen, und mit dem abgenutzten Schaufelblatt muß drei- oder viermal angesetzt werden, während mit gutem ein Ansatz genügte.

Bei Tagelohn nehmen die Arbeiter oft Schaufeln, die wenig fassen. Es sei aber ausdrücklich erwähnt, daß die große Schaufel nicht immer die ökonomisch richtigste ist. Im Gegenteil, unter Umständen müssen die Arbeiter veranlaßt werden, kleinere Schaufeln zu nehmen, da die große Schaufel vielleicht zu sehr ermüdet, und sie auf die Dauer mit dieser nicht so rasch arbeiten können wie mit einer kleineren.

Die Länge des Stieles muß der Größe des Arbeiters und der Länge seines Armes entsprechen. Dafür kann das Werkzeugverteilungsbureau leicht Normen ausarbeiten.

Das Gewicht des Werkzeuges muß dem Gewicht des zu bewegenden Gegenstandes entsprechen. Der Arbeiter selbst wählt meist nach dem Gesichtspunkt der Handlichkeit. Und darauf spekulieren die meisten Werkzeugfabrikanten. Der Konkurrenzkampf läßt sie auf die unmöglichsten Ideen kommen und die seltsamsten Lockvögel fabrizieren, um die Aufmerksamkeit des Arbeiters anzulocken. Reklame ist oft alles. Aus diesem Grund ist noch gar nicht gesagt, daß ein vielverbreitetes Werkzeug auch wirklich zweckmäßig ist.

Auch für Werkzeuge sollte es Versuchsstationen geben, wo neue Muster auf ihre Zweckmäßigkeit hin geprüft und je nach dem Grad ihrer Brauchbarkeit gestempelt würden, was sich ja an Hand von Bewegungsstudien leicht machen ließe. Dadurch würde die freie Konkurrenz in der Werkzeugfabrikation durchaus nicht aufgehoben und der Erfindergeist nicht eingeengt. Wenn auch alljährlich eine große Zahl neuer Muster durch das Versuchslaboratorium ausgeschieden würden, so läge doch andererseits in der Möglichkeit der öffentlichen Anerkennung durch das Institut ein solcher Ansporn und eine derartige Möglichkeit eines durchschlagenden Erfolges mit wirklich guter Ware, daß der Unternehmergeist durch das Versuchslaboratorium eher gefördert als gehemmt würde. Für alles andere gibt es ja Versuchsstationen und Prüfungsämter. Warum nicht für Werkzeuge, an deren Qualität nahezu die ganze Masse der Arbeiterschaft unmittelbar interessiert ist?

Auf diese Weise würde auch der Lehrling gleich zu Beginn seiner Lehrzeit das richtige Werkzeug in die Hand bekommen. Und das ist ein sehr wichtiges Moment. Bisher gab man ihm meistens irgendein ausgedientes Werkzeug, das ein Gelernter nicht mehr nehmen wollte. Zum Einlernen schien es noch gut genug! Das ist der Weg zum Tor hinaus. Der Lehrling gewöhnt sich dadurch von vornherein an unnötige, unökonomische Bewegungen, die dann später schwer wieder auszutreiben sind!

Alle Werkzeuge sollten normalisiert sein und alle Arbeiter zur Benutzung dieser Normalwerkzeuge veranlaßt werden. Nur dann können sie die Normalmethode ausführen und das Normalpensum leisten.

Auch bei der Bedienung von Maschinen sollte man auf Normalbewegungen dringen und diesen Gesichtspunkt bei Prüfung der Maschine berücksichtigen. Dabei müssen zwei Momente ins Auge gefaßt werden, erstens, wieviel Bedienung die Maschine selbst braucht, und welche Bewegungen hierbei nötig sind und zweitens, welche Bewegungen die Vorbereitung des Materials erfordert. Je wertvoller die Maschine, desto wichtiger auch hier genaue Bewegungsstudien. Verzögerung bedeutet in diesem Fall zwiefache Verschwendung: des Arbeiters und der Maschine. Der Druck eines Hebels und die Maschine läuft. Aber auch dieser Hebeldruck kann ökonomisch oder unökonomisch ausgeübt werden. Der Maschinenmeister hat meist mehrere Maschinen unter sich und darunter solche, die immer wieder aus- und eingeschaltet werden müssen. Hier ist besonders sinngemäße Konstruktion am Platze, und auch hier gilt das Gesetz des geringsten Kraftaufwandes bei Symmetrie der Bewegung. Das Bewegungsbild beider Hände muß möglichst parallel verlaufen, was durch entsprechende Anordnung der Hebel und Schalter leicht ermöglicht werden kann. Die Schwungkraft der sich bewegenden Hände muß ausgenutzt werden und die Bewegungen nötigenfalls durch Anlegen von Federungen oder Gegengewichten so ausbalanciert sein, daß es keine toten Punkte gibt.

Häufig benutzte kleinere Werkzeuge sollten nach Benutzung möglichst automatisch, etwa unter Ausnutzung der Schwerkraft oder durch Pendelgewicht, an ihren Aufbewahrungsort zurückgehen. Dabei sollen die Werkzeuge schon möglichst so hängen, wie sie benutzt werden, der Schraubenschlüssel z. B. in der Richtung, in der er in die Hand genommen werden muß.

3. Das Gewicht der zu bewegenden Einheit.

Das Hebegewicht einer Arbeit setzt sich aus drei Faktoren zusammen:

1. Das Gewicht des vom Arbeiter bewegten Körperteiles.
2. Das Gewicht des Werkzeuges.
3. Das Materialgewicht.

Unter sonst gleichbleibenden Bedingungen gilt der Satz: je weniger sich der Körper bewegen muß, desto geringer ist die Ermüdung.

Das Gewicht des Werkzeuges richtet sich nach seiner Bestimmung. Beim Schmiedehammer ist größeres Gewicht gleichbedeutend mit größerer Leistungsfähigkeit. Ein zweiundzwanzigpfündiger Schmiedehammer kann einen Granitblock mit fünf Schlägen in Stücke schlagen, während ein zehnpfündiger dazu hundert Schläge braucht. Bei der Kelle heißt größeres Gewicht soviel wie geringere Leistungsfähigkeit. Je schwerer die Kelle, desto größer die Ermüdung, ohne daß dadurch irgendein Vorteil erzielt würde.

Das Gewicht jedes Werkzeuges sollte sehr genau bestimmt sein, was nur auf Grund genauer Bewegungsstudien möglich ist. Einige Angaben mögen als Beispiel genügen. Der Verfasser des Buches fand, daß ein Ausschlaghammer bei Maurerarbeit, abgesehen vom Griff, dreieinhalb Pfund wiegen sollte, während einer für schweren Granit und zum Ausschlagen von Rundlöchern dreidreiviertel Pfund wiegen müßte.

Auch beim Schaufeln gibt es ein bestimmtes wirtschaftlichstes Gewicht, mit dem der erstklassige Arbeiter am meisten arbeiten kann, und zwar ermittelte hierfür Taylor das Gewicht von $19\frac{1}{2}$ Pfund. Die Schaufeln sollten danach immer so eingerichtet sein, daß sie gerade $19\frac{1}{2}$ Pfund des betreffenden Materials fassen, und der Arbeiter sich gar nicht mehr lange zu überlegen braucht, wieviel er am besten auf die Schaufel nimmt. Das richtige, d. h. das zweckmäßigste Gewicht ergibt sich von selbst, wenn die Schaufel danach eingerichtet ist. Deshalb ist es aber ganz unerläßlich, daß die Art der Schaufel, die in jedem einzelnen Fall benutzt werden soll, auf der Anweisungskarte angegeben wird, daß genug Schaufeln zur Verfügung stehen, und nie eine falsche gebraucht werden muß. Das Gewicht des Werkzeuges, sowie die Gewichtseinheit, die bei jeder einzelnen Arbeitsleistung bewegt werden soll, unterliegen der Norm.

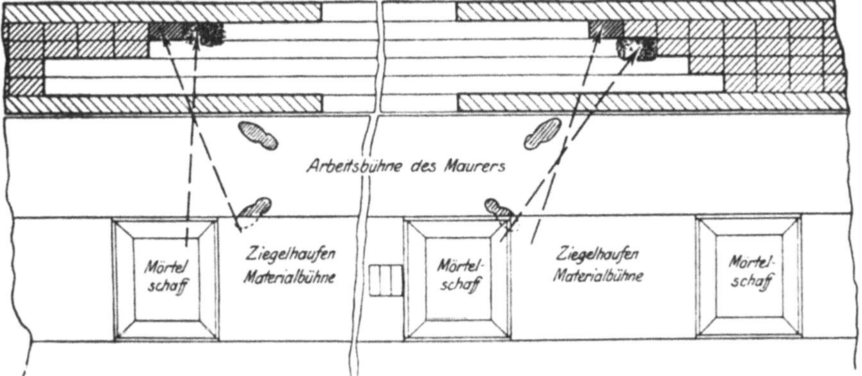

Fig. 13. Richtige Beinstellung und richtige Anordnung von Ziegelpacken und Mörtelschaff beim sogenannten „Pick-and-dip“-Verfahren.

Wird von links nach rechts gearbeitet, so muß, wie auf der linken Seite des Bildes, der Mörtel rechts des Ziegels verlegt werden. Nach Ziegel und Mörtel wird gleichzeitig gelangt, der Ziegel in den mit der vorhergehenden Bewegung aufgetragenen Mörtel verlegt und gleichzeitig nebenan neuer Mörtel aufgetragen. Dadurch ist absolute Gleichzeitigkeit der beiden Bewegungen möglich, während andernfalls der Ziegel einen Augenblick warten müßte, bis der Mörtel verschmiert wird.

Wird, wie auf der rechten Seite des Bildes, von rechts nach links gemauert, so wird zweckmäßigerweise in verschiedenen Reihen gelegt und gemörtelt. Sonst könnten Mörtel und Ziegel nicht absolut gleichzeitig aufgetragen werden.

Der Lehrling ist vom ersten Tage an auf die richtige Fußstellung aufmerksam zu machen!

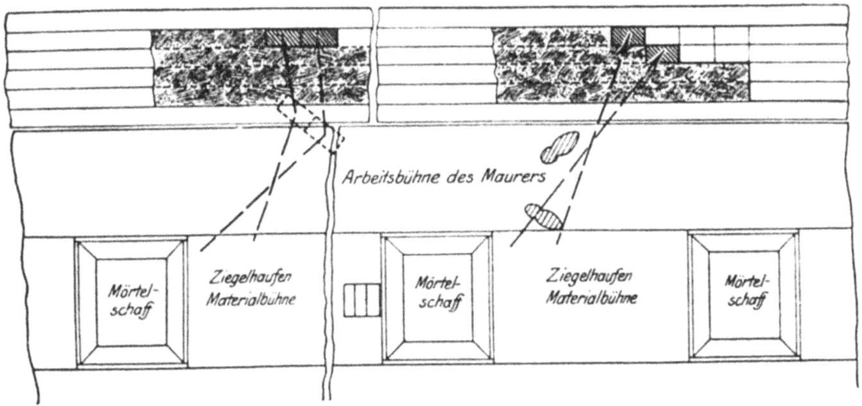

Fig. 14. Richtige Beinstellung und richtige Anordnung von Ziegel und Mörtel, wenn zuerst vermörtelt und danach der Ziegel gelegt wird, wie beim sogenannten „Stringing-mortar“-Verfahren. Bei einfachen Läuferschichten können jeweils zwei Ziegel gleichzeitig aufgenommen und während der Bewegung zur Mauer gewissermaßen zur Einheit zusammengefaßt werden. Bei Stoßfugen müssen dagegen die beiden Ziegel in zwei verschiedene Reihen verlegt werden, aber auch hier gleichzeitig.

Fig. 15. Z w e i gespann, das zweckmäßigste Beförderungsmittel für Ziegel
vom Verladeplatz zur Baustelle. Die
Pferde warten nicht auf die Be- oder Ent-
ladung, sondern holen stets neue Wagen.

Fig. 16. Lademethode.
Der Wagen wird mittels Schwerkraft
mit 90 Pfund Ziegelpacken (amerikan.
Pfund) bepackt.

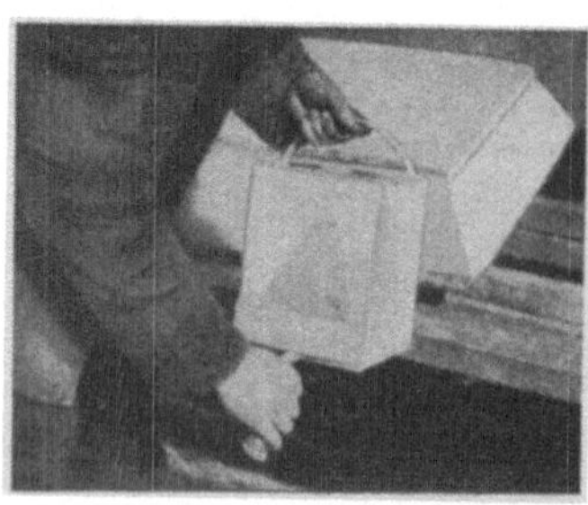

Fig. 17. Zweiräderiger Handkarren
zum Transport von 12 Ziegelpacken.
Das Modell ist so ausbalanciert, daß
mit weniger Anstrengung mehr gehoben
werden kann als mit gewöhnlichem
Schubkarren.

Fig. 18. Spritzkelle,
die 21 Ziegel gleichzeitig einmörtelt.
Die bisherige Mörtelkelle dient dabei
als Griff.

Fig. 19. Wagen zum Halten von Reserveziegelpacken. Sie sind 2 Fuß hoch geschichtet, um beim Ausladen Bücken zu vermeiden.

Fig. 20. Gewöhnliches Bockgerüst. [In dieser Stellung können die Maurer selbstverständlich weniger leisten, als wenn sie sich nicht bücken müßten.

4. Rauminhalt der zu bewegenden Einheit.

Das Volumen der zu bewegenden Einheit ist weit schwerer zu bestimmen als das Hebegewicht. Bisher hing es meist lediglich von äußeren Momenten ab. Die Abmessungen des Ziegelsteines z. B. waren durch seine Herstellungskosten und andere Eigentümlichkeiten seiner Produktion bestimmt, nicht danach wie er am zweckmäßigsten gehandhabt und gelegt werden kann. Und doch können sich bei Bewegungsstudien andere Größenverhältnisse als viel zweckmäßiger und ökonomischer herausstellen.

Sicher gibt es eine gewisse wirtschaftlichste Einheitsgröße für Ziegelpacken. Der Verfasser des Buches ermittelte hierfür diejenige von 85 Pfund (deutsches Gewicht). Ein Ziegelpacken ist am zweckmäßigsten 85 Pfund schwer, weil ein erstklassiger Arbeiter einen Packen dieses Gewichtes am leichtesten packen, aufladen und wieder abladen kann (siehe Bild 15 u. 16). Ein gründliches Studium des ganzen Maurerhandwerks hat den ganzen Beruf von Grund auf revolutioniert. So konnte man immer nur einen Ziegel legen, solange sie unverpackt zur Verfügung standen. Jetzt ermöglichen die Ziegelpacken ein Legen von etwa 18 Ziegeln gleichzeitig.

Ein zweirädriger Karren befördert zwölf Ziegelpacken oder 216 Stück (siehe Bild 17), während auf dem Mörteltrog nur 18 getragen werden können, und der einrädrige Schubkarren nur 60 lose Ziegel faßt. Der Wert derartiger Ermittlungen liegt auf der Hand, da ja hier schon an dem einen Beispiel gezeigt wird, wieviel mehr geleistet werden kann, wenn man nur erst einmal die Arbeitsbedingungen genauer studiert hat und die Größe der zu bewegenden Einheit als Gradmaß nimmt.

5. Besondere arbeitserleichternde Ratschläge.

Analysiert man eine Arbeit genau, so entdeckt man nebenbei noch eine Menge Einzelheiten, die die Arbeit nicht unwesentlich beeinflussen, obwohl sie in keinerlei Zusammenhang mit ihr zu stehen scheinen. So bediente und reinigte Frederick Winslow Taylor eine Zeitlang ein paar Dampfkessel ganz allein und beobachtete dabei alle die Arbeit beeinflussenden Faktoren. Dabei machte er die merkwürdige Entdeckung, daß viel Zeit durch die gezwungene Stellung des Arbeiters verloren geht, und kam dadurch auf die an und für sich merkwürdige, bei näherer Betrachtung aber sehr zweckmäßige Idee, den Arbeitern beim Kesselreinigen dicke Kissen an Ellbogen, Knien und Hüften anzubinden und auch die Werkzeuge der Arbeit besonders anzupassen. Zuerst wurden die so zurechtgemachten Arbeiter gründlich ausgelacht, wie man das ganze allgemein für eine verrückte Idee hielt. Bald kam jedoch die Rechtfertigung; denn die Kessel wurden besser gereinigt als je zuvor, die Arbeiter taten die Arbeit lieber und deshalb rascher, so daß sich die Reinigungskosten wesentlich verringerten. Die Kosten, die bisher für einen Kessel mit 300 PS durchschnittlich 62 Dollar betrugen, beliefen sich nunmehr nur auf etwa 11 Dollar. Allerdings darf nicht vergessen werden, daß diese Verbesserung in der bequemeren Ausstattung des Arbeiters nur ein Element zur Steigerung der Ausbeute war, und die Verbilligung der Produktionskosten nicht einzig und allein diesem Gedanken zugeschrieben werden konnte.

Ein weiteres, durch das System der wissenschaftlichen Betriebsführung nunmehr allgemein bekannt gewordenes Hilfsmittel bei der Arbeit ist die Anweisungskarte. Der Arbeiter muß eine derartige Anweisung zur Hand haben, die von einem Sachverständigen, der mehr versteht als ein gewöhnlicher Arbeiter, auf Grund der ermittelten Zeit- und Bewegungsstudien ausgearbeitet sein muß. Aber selbst dann muß die tägliche Ausbeute ständig beobachtet und die Produktionseinheitskosten ständig berechnet werden, so daß jede, auch die geringste Änderung in der Produktion sofort wahrgenommen wird. Kleine Abweichungen können schon Hinweise auf große Verbesserungsmöglichkeiten geben.

6. Die Art des Materials.

Das Material sollte immer so vorbereitet sein, wie es am bequemsten gehandhabt werden kann. Ungenügende Vorbereitungen oder mindere Qualität des Materials sind Hemmnisse.

Die Materialkonsistenz ist genau auf der Anweisungskarte bestimmt, und die für die Kontrollfunktion bestimmten Meister sorgen für ihre Einhaltung. Klumpiger Mörtel hält auf. Am Sandsieb sparen, hieße falsche Sparsamkeit. Zementmörtel wird zweckmäßiger in eigenen Speiswagen auf dem Gerüst selber temperiert, um immer in richtiger Verfassung zu bleiben. Das sind alles nur kleine Hinweise, die aber von großer Tragweite sein können.

Die Ausarbeitung der Anweisungskarte berücksichtigt von vornherein diesen Gesichtspunkt. Nur tadellose Ziegel dürfen in die Hand des Maurers kommen. Schon allein darin liegt ein großer

Vorteil der Ziegelpacken. Wieviele Ziegel wurden früher schadhaft durch das viele Reichen und Werfen von Hand zu Hand! Abgesehen davon, daß die Last dieses beschädigten Ziegels gänzlich überflüssig hinauf befördert war, mußte der Maurer beim Wegwerfen auch noch eine unnötige Bewegung ausüben und wurde am ruhigen Weiterarbeiten dadurch gehindert.

Das beste Material ist insofern wirklich das billigste.

7. Heizung und Lüftung.

Heizung und Lüftung gehören auch hierher; auch der Feuchtigkeitsgrad im Raum hängt hiermit zusammen, alles Dinge, die von einer Stelle aus geregelt werden können, die alle aber gleichviel für die Bequemlichkeit und Gesundheit des Arbeiters ausmachen und sein Arbeitstempo im höchsten Grad beeinflussen.

Die Kühlung im Sommer ist ebenso wichtig wie die Heizung im Winter. Diese Tatsache hat man zum erstenmal rein empirisch in Schokoladenfabriken erkannt, wo frische Luft gekühlt zur Frischerhaltung des Materials eingeführt wurde, und man dabei die Beobachtung machte, daß das auch dem Arbeitstempo der Leute sehr zugute kam. Die Ausgaben für die Ventilatoren machen sich schon durch die weit größere Leistungsfähigkeit der Arbeiter bezahlt.

Wo große Geschwindigkeiten und große körperliche Anstrengungen verlangt werden müssen, kann man die Arbeiter bei geeigneter Heizung oder Lüftung in entsprechender Kleidung oder im Athletenkostüm arbeiten lassen. Aber schließlich sind das ja alles Dinge, die sattsam bekannt sind, und die schon so allgemein befolgt werden, daß hier ihre Erwähnung genügt.

8. Beleuchtung.

So wichtig wie das Auge für den Menschen, ist die Beleuchtung für seine Arbeit. Hier darf am allerwenigsten gespart werden. Das beste Licht ist das billigste; dabei ist jedoch nicht mit bestem Licht das hellste gemeint, denn die Helle selbst spielt hier nur eine geringe Rolle. Die Hauptsache ist, wie die Beleuchtung angebracht ist. Bei Beleuchtung eines Arbeitsraumes müssen fünf Punkte beachtet werden:

a) Der Arbeiter muß genug Licht bekommen.

b) Das Licht muß so angebracht sein, daß der Arbeiter den richtigen Sehwinkel zur Arbeit beibehalten kann.

c) Das Licht muß gleichmäßig sein.

d) Blanke oder geschliffene Gegenstände dürfen nicht in der Nähe stehen. Dem Arbeiter darf kein unnötig scheinender und flackernder Reflex ins Auge fallen. Vernickelte Sachen oder geschliffenes Metall sollte immer so gehalten werden, daß keine Reflexlichter entstehen.

e) Das Licht muß geschützt sein und darf niemand im Arbeitsraum belästigen.

Liegt die Arbeit auf einer geraden Ebene, wie beim Schreiben oder Lesen, so muß die Lampe so angebracht sein, daß kein Widerschein ins Auge fällt. Wird das Auge bei der Arbeit besonders in Mitleidenschaft gezogen, wie beim Prüfen einzelner Fäden und dergleichen, so muß das Licht heller sein als gewöhnlich. So einfach und selbstverständlich diese Dinge auch zu sein scheinen, so werden sie heute nur in seltenen Fällen richtig beachtet. Fabrikräume, Wohnzimmer, selbst Universitäten und Laboratorien sind ungünstig beleuchtet. Schlechte Beleuchtung aber macht müde und ist ein arbeitsmindernder Faktor, während sich gute durch das Gegenteil bezahlt macht. Der amerikanische Taxameterdroschkenkutscher muß über Gasolin, Radreifen, Fuhrlohn usw. mit seinem Unternehmer abrechnen, bloß über das Schmieröl nicht. Und darin liegt ein gesunder Gedanke. Während es andererseits Unternehmer gibt, die niedrige Lichtrechnungen ihren Leuten als Verdienst anrechnen, ganz ungeachtet dessen, daß sie vielleicht bei mehr Licht mehr geleistet hätten.

9. Farbenwirkungen.

Eine Farbe kann eine aufreizende Wirkung haben, eine neutrale und eine dämpfende. Darum sollte man beim Anstrich des Arbeitsraumes immer die Ergebnisse psychologischer Farbenforschung zu Rate ziehen. Hell gestrichene Räume wirken aufheiternd, können aber bei speziellen Arbeiten auch blenden und dadurch ermüden.

Auf der andern Seite kann die Farbe auch als Hilfsmittel zur Arbeit verwendet werden. Manche Arbeit kann durch richtigen Anstrich der Gegenstände vereinfacht werden; denn Farbe fällt rascher ins Auge als Form oder Aufdruck. Unterschiedlich zu Behandelndes streiche man verschiedenfarbig, in einer Röhrenfabrik z. B. die verschiedenen Röhren verschieden.

Die rechte Seite des Ziegelpackens sollte durch Farbe bezeichnet sein, so daß er sofort von dem Packer richtig hingestellt werden kann und der Maurer den Ziegel nicht erst in der Hand umdrehen und unnötige Bewegungen machen muß.

Auch die Werkzeuge sollten verschieden gestrichen sein und analog ihr Aufbewahrungsplatz, wodurch viel Zeit beim Fortlegen und Heraussuchen gespart werden kann. Farbe springt jedem gleich ins Auge. Dadurch wird viel Zeit und viel unnötige Denkarbeit gespart. Lesen ist überhaupt eine schwache Seite mancher Leute. Oft brauchen sie lange, um eine Autschrift herauszubuchstabieren, während sie eine Farbe sofort erkennen würden. Bei ausländischen Arbeitern in der Fabrik ist ein derartiger Anstrich doppelt wichtig.

10. Kleidung.

Die Kleidung des Arbeiters kann ihm Hilfe oder Hindernis bei der Arbeit sein. Enge und schlechtsitzende Kleidung hält das Arbeitstempo zurück. Die Leute sind auch oft innerlich durch ihre Kleidung gehemmt. Kleider sind teuer. Da arbeitet man lieber langsam und läßt die oder die Bewegung, die dem Anzug schaden würde. Jedem Arbeiter sollte eigene, besonders der Arbeit angepaßte Kleidung geliefert werden. Hat man dies einmal erst erkannt und überall durchgeführt, so werden sich die entstehenden Mehrkosten durch erhöhte Leistung bezahlt machen. Die richtige, zweckentsprechende Arbeiterkleidung wird bei entsprechender Nachfrage sehr schnell auf den Markt kommen.

Man hat oft die Befürchtung ausgesprochen, die Arbeiter wollten keine bestimmte Kleidung; sie betrachteten eine Uniformierung als Versklavung. Das mag zutreffen, wenn sie die Vorteile der Arbeiterkleidung noch nicht erkannt haben. Sobald ein Arbeiter aber sieht, daß er richtig gekleidet mehr leistet und mehr verdient, so wird er keine Bedenken mehr tragen und jede Arbeiterkleidung gern annehmen.

11. Unterhaltung und Musik.

Die anregende und arbeitsbeschleunigende Wirkung von Musik und Rhythmus ist altbekannt. Schon die alten Ägypter sangen einen gewissen Rhythmus beim Pfähleeinrammen, und das Militär läßt noch heute die Musik als Aufmunterung spielen. Oft läßt man die Arbeiter singen, um einen gewissen Takt bei der Arbeit zu erzielen. Der Vorarbeiter singt eine Melodie vor und der Chor antwortet, so daß ein bestimmter eintöniger Rhythmus entsteht, der den Takt zur Arbeit gibt.

Bei Arbeiten, bei denen nicht gesungen werden kann, läßt man daher oft Phonographen und Musikinstrumente spielen, um die Leute bei der Arbeit zu unterhalten. Sie arbeiten dann lieber und rascher.

Auch läßt man manchmal vorlesen, was z. B. in der amerikanischen Tabakindustrie viel getan wird. So erzählt ein Deutscher, der bei Tabakarbeitern in Mexiko tätig war, daß seine vier Packer keine größere Freude kannten, als seinen Märchen mit regelrechten Prinzessinnen und Drachen zuzuhören, und daß sie zweimal so rasch arbeiteten und glücklich waren, solange er erzählte.

12. Belohnung und Strafe.

Belohnung und Strafe spielen natürlich auch eine große Rolle. Sie können die Arbeit fördern und anregen, aber auch auf der andern Seite, wenn übertrieben, schädlich wirken. Wie alles andere müssen Belohnung und Strafe wissenschaftlich festgestellt werden, entsprechend der üblichen Lohnhöhe und des Umfangs des als Norm angesetzten Arbeitspensums.

13. Die Gewerkschaften.

Widersetzten sich an manchen Orten die Gewerkschaften der Einführung des Systems wissenschaftlicher Betriebsführung, so geschah dies, weil sie auch hierin ein Erpressungsmittel der Unternehmer sahen. In der gesteigerten Leistungsfähigkeit der einzelnen sahen sie irrtümlicherweise einen Weg zur allgemeinen Arbeitslosigkeit, und ließen dabei ganz außer acht, daß dieses System ihr eigenes Hoffen und Streben, die Verbilligung der Lebensmittel, herbeizuführen imstande ist.

Der ganze Fehler lag eben darin, daß sie das System nicht kannten. Sobald dies aber der Fall sein wird, und sie sehen, daß ihre Leute durch die Einführung wissenschaftlicher Betriebsführung mehr verdienen und mehr freie Zeit haben, werden sie bald anderer Meinung sein.

Zusammenfassung.

Was bisher über die äußeren Faktoren, die eine Arbeit beeinflussen, gesagt wurde, kann natürlich nur ein Hinweis sein. Einige, wichtige Koeffizienten wurden als Beispiele herausgegriffen. In Wahrheit ist natürlich ihre Zahl ebenso unübersehbar und unauf-

zählbar wie die Umstände, in denen im Einzelfall eine Arbeit vor
sich geht. Zunächst heißt es ja vor allem: an die Dinge überhaupt denken lernen, und dazu sollte dieses Kapitel ein Anfang sein, eine Anregung all denen, die selbst an irgendeinem Arbeitsplatz stehen und denen, die solche für andere einrichten. Vielleicht
schlagen sie daraufhin hier einen Nagel ein oder schlagen dort ein
paar Bretter zu einem Werkzeuggestell zusammen und helfen dadurch sich und andern, die Arbeit leichter zu machen.

IV. Die Bedeutung der Bewegung.

Es ist ein Verdienst wissenschaftlicher Betriebsführung, die
zur Hervorbringung einer Arbeit notwendigen Bewegungen überhaupt als arbeitsbeeinflussende Faktoren zur Diskussion gestellt
zu haben. Wohl kannte man besondere Griffe und Fertigkeiten,
„Tricks", die alte Praktiker den Jungen beibrachten. Das Studium
der Bewegungen aber und ihre Systematisierung ist ein absolut
neues Gebiet. Es steht im Anfangsstadium. Eine Wissenschaft
für sich, die erst in noch zu gründenden Forschungsinstituten und
Regierungsämtern ausgebaut werden muß. Der Verfasser des
Buches gibt im folgenden also auch wiederum nur einen Hinweis,
wo diese Wissenschaft ansetzen muß, und einige kleine Kostproben
davon, was diese Wissenschaft in den wenigen Jahren ihres Be-
stehens bereits herausgebracht hat. Ein Fingerzeig nur, der in die
Zukunft weist.

Wie die Maschine, das Werkzeug, der Arbeitsplatz selbst sinngemäß beschaffen sein muß, so soll auch die Arbeit, d. h. die zu ihrer
Hervorbringung notwendigen Bewegungen, sinngemäß nach ökonomischen Grundsätzen von Fachleuten festgelegt sein. Wie solche
ökonomischsten Bewegungsbilder bestimmt werden, kann hier nicht
ausführlich behandelt werden.[1]) Mit Hilfe von kinematographi-
schem Apparat und Kontrolluhr werden bisher gemachte Bewegungen aufgenommen, oder es wird an die Hand des Arbeitenden
eine kleine elektrische Birne mit einem Unterbrecher angebracht,
der in Bruchteilen von Sekunden arbeitet. Das Bild der Bewegung
zeichnet sich danach auf der photographischen Platte als lichte

---

[1]) Siehe „Das ABC wissenschaftlicher Betriebsführung" von Gilbreth-
Colin Ross, Verlag Julius Springer, Berlin.

Linie ein, wobei die zur Ausführung der Bewegung notwendige Zeit an der Zahl der Unterbrechungen und an der Meßhinterwand abgelesen werden kann. Selbstverständlich handelt es sich dabei um Präzisionsapparate, die auf hundertstel Sekunden-Bruchteile genau arbeiten.

Steht das alte Bewegungsbild fest, so wird auf Grund genauer wissenschaftlicher Studien versucht, unnötige Bewegungen zu streichen, ökonomische statt unökonomische Bewegungen einzusetzen, und das ganze Bewegungsbild so auszuarbeiten, daß mit möglichst wenig Kraftaufwand möglichst viel erreicht wird.

1. Das Bewegungsbild.

Dabei ist nicht immer gesagt, daß das einfachste Bewegungsbild das wirkungsvollste und wirtschaftlichste ist. Auch physiologische und psychologische Momente spielen eine Rolle. So kann das günstigste Bewegungsbild theoretisch anders aussehen, als es unter Berücksichtigung der Physiologie und Psychologie des Arbeiters der Fall ist. Der ökonomischste Platz für die Ziegelpacken müßte eigentlich der sein, von dem jeder Ziegel den kürzesten Weg zur Mauer zurückzulegen hat, so daß im Bewegungsbild die Linie vom Ziegelpacken zur Mauer möglichst klein bliebe. In Wahrheit ist es ökonomischer, den Ziegel als Fortsetzung des Armes in der natürlichen Pendelkurve des Armes zu schwingen, so daß ein an und für sich weiterer, aber weniger anstrengender Weg zurückgelegt wird.

Ebenso sollte man glauben, daß das Materialgerüst zweckmäßigerweise genau so hochgehalten würde wie die Mauer, an der gearbeitet wird. Die Ziegel brauchten dann nur gewissermaßen hinübergeschoben zu werden. Dem ist nicht so. Die zweckmäßigste Höhendifferenz zwischen Arbeitsbühne und Mauerrand ist auf 24 amerikanische Zoll festgesetzt, während das Materialgerüst drei amerikanische Fuß hoch gehalten werden soll, also einen Fuß höher als der Mauerrand. Das Schwergewicht des Ziegels kommt so besser zur Ausnutzung, da er auf diese Weise mit mehr Druck von einer höheren Lage in eine niedere gebracht wird. Ist schon vorher gemörtelt, so sitzt der Ziegel auf diese Weise gleich fest.

Auch der Satz, daß die Anzahl und die Art der Bewegungen durch die Leistungsfähigkeit jeder einzelnen Bewegung bestimmt werden, hat nicht absolute Gültigkeit. Es kann sehr wohl sein, daß zwischen leistungsfähigen, absolut notwendigen Bewegungen weniger leistungsfähige, auf den ersten Blick hin „unnötige" Bewegungen eingeschoben werden. Sie sind dann eben nicht unnötig, weil sie als Bindeglied oder zur Ausbalancierung dienen.

Jede Bewegung sollte eine notwendige Folge der vorhergehenden und zugleich eine unerläßliche Vorbereitung zur nächsten Bewegung darstellen. Die Ausführung der einen Bewegung und die für sie gebrauchte Zeit kann für die folgende sehr viel ausmachen. Auf eine an und für sich zweckmäßige Bewegung muß verzichtet werden, wenn sich eine andere, vielleicht an und für sich weniger praktische, besser in die Reihenfolge der Bewegungen einfügt und die nächste besser vorbereitet. Beim Mörtelverschmieren der letzten Fuge einer Reihe z. B. führt man die Bewegung mit der Kelle schon in der Richtung aus, zu der man mit der nächsten Bewegung zum Abkratzen des überstehenden Mörtels übergehen muß.

Eine Bewegung kann mit gleichartigen und ungleichartigen Bewegungen kombiniert werden. Sind alle gleichartig, so können sie leichter automatisch gemacht werden, was unter allen Umständen vorteilhafter ist. Dann gebe man aber acht, daß beim automatischen Arbeiten in die Reihenfolge der notwendigen gleichartigen Bewegungen keine unnötige dazwischen gerät.

Müssen ungleichartige Bewegungen in einer Reihenfolge kombiniert werden, so können zwei Bewegungen oft zusammenfallen. Die Bewegung zum Bespritzen der Außenwand mit Mörtel z. B. kann mit dem Bestreichen des letzten Ziegelendes zusammenfallen. Dadurch ist schon wieder eine Bewegung gespart. Nebenbei kann diese Methode auch in anderer Hinsicht zum Vorteil sein, da sie die Bindung der Endfuge mit dem Bewurf festigen hilft.

2. Nutzeffekt der Bewegungen.

Der Nutzeffekt der Bewegungen steht mit der Kombination mit anderen Bewegungen im engsten Zusammenhang. Der Nutzeffekt der Bewegung ist am größten, wenn mit dem geringsten Kraftaufwand am meisten erreicht wird. Jede Bewegung muß effektiv sein. Zum Herunterklopfen des Ziegels genügt ein fester Schlag mit der Kelle. Wie oft klopfen die meisten Maurer darauf herum! Beim Bestreichen der Außenseite mit Mörtel genügt ein Wurf mit der Kelle statt mehrmaliges unwirksames Herumschmieren.

Das Streben nach größtmöglichem Nutzeffekt der Bewegungen hat nebenbei zu mancher kraftsparenden Verbesserung den Anreiz gegeben. Auf Grund von Bewegungsstudien kam der Verfasser des Buches zur Erfindung der Spritzkelle (siehe Bild 18), mit der 21 Ziegel gleichzeitig eingemörtelt werden.

3. Automatische Bewegungen.

Oft wiederholte Bewegungen gehen mit der Zeit automatisch vor sich. Automatisch vor sich gehende Bewegungen strengen Körper und Geist weniger an. Dagegen sind falsche, aber bereits oft wiederholte und somit automatisch gewordene Bewegungen ein schweres Hindernis.

Wie schwer ist Maurern, die mit ungleichen Ziegeln zu arbeiten gewohnt waren, beizubringen, daß sie beim Mauern von gleichen Ziegeln nicht erst jeden Ziegel einzeln in der Hand hin- und herzudrehen brauchen! Bei Innen- und Verblendsteinschichten, bei sortierten Ziegeln wie bei unsortierten, bei gleichen Ziegeln wie bei ungleichen — sie werden immer erst den Ziegel in der Hand herumdrehen.

Mit der Zeit automatisch vor sich gehende Bewegungsbilder müssen doppelt genau ausgearbeitet sein. Das Bewegungsbild ist in diesem Falle das beste, das die meisten korrespondierenden Linien aufweist, weil dann das Schwergewicht der einen zugleich die Antriebskraft der nächsten Bewegung abgibt. Die Bewegungen müssen in einer gewissen Richtung und, falls mit beiden Händen gearbeitet wird, in einem gewissen geometrischen Bild zueinander laufen. Symmetrische Bewegungen strengen weniger an.

Sind sie dazu noch richtig ausbalanciert, so heben sie sich als Kraftleistung sogar unter Umständen gegenseitig wieder auf. Einseitig ausgeübt eine Anstrengung, können sie auf beiden Seiten getan unter Umständen weniger anstrengend sein.

4. Antriebskraft und tote Punkte.

Tote Punkte sind zu vermeiden. Die Arbeit muß tunlichst so eingerichtet sein, daß in einer fortlaufenden Bahn weiter gearbeitet wird. Oft lassen sich aber tote Punkte nicht vermeiden; dann dürfen sie aber nicht durch die Körperhaltung bedingt sein, sondern am Material liegen.

Beim Mauern liegt der tote Punkt am Ende der Bewegung, wenn der Ziegel den Weg vom Vorratspacken zum Endplatz zurückgelegt hat. Wird jeder Ziegel einzeln eingemörtelt, so wird in der

Regel gleichzeitig nach Ziegel und Mörtel gelangt. Während dann die eine Hand das Mörtelbett vorbereitet, muß die andere Hand mit dem Ziegel warten, wenn nicht zu gleicher Zeit ein anderer Ziegel gelegt als Mörtelbett geschmiert wird. Das ist eine unnötige Bewegung vom bewegungstechnischen Standpunkt aus; denn der Ziegel in der Hand ermüdet unnötig und unterbricht außerdem die fortlaufende Bewegung. Besser ist schon das sogenannte „stringing-mortar"-Verfahren, bei dem man zuerst mörtelt, ehe man überhaupt nach dem Ziegel langt. Dann geht wenigstens das Ziegelverlegen in einer fortlaufenden Linie.

Tote Punkte sind da, um überwunden, möglichenfalls sogar noch um als Antriebskraft anusgenutzt zu werden. Geht das Verlegen des Ziegels von Ziegelpacken zu Mauer ohne Unterbrechung, so kann der tote Punkt beim Aufsetzen des Ziegels durch das Schwergewicht des Ziegels überwunden werden, der sich so in den Mörtel eindrückt, daß sich zugleich die Fugen füllen. Das ist aber nur der Fall, wenn der Maurer nicht zu müde ist, um dieses Schwergewicht auszunutzen. Beim Gilbrethschen Maurersystem erleichtert dies das Materialgerüst, wodurch der Ziegel aus einer höhcrcn in eine tiefere Lage kommt und so sein Schwergewicht selbst zur Geltung bringt. Die Mauer ist in diesem Fall sozusagen das Sprungbrett zur nächsten Bewegung.

5. Die Geschwindigkeit der Bewegung.

Je rascher in diesem Fall die Bewegung, desto besser. Durch Raschheit lassen sich tote Punkte leichter überwinden, ganz abgesehen davon, daß Geschwindigkeit der Bewegung ein Hauptfaktor des auf Grund von Bewegungsstudien festgelegten Bewegungsbildes ist, da sie ja bei dessen Ausarbeitung an maßgebender Stelle steht.

6. Die Beschleunigung der Bewegung.

Die Frage der wachsenden Geschwindigkeit muß in drei Fragen zerlegt werden.

1. Um wieviel kann die Bewegung beschleunigt werden, und bis zu welchem Grad ist dies ratsam?

2. Wodurch wird diese Beschleunigung erzielt und

3. Zu was führt diese Beschleunigung? Kann mehr gearbeitet werden oder müssen größere Erholungspausen eingelegt werden?

Zur Beantwortung dieser Fragen wird am besten auf ein im vorhergehenden schon einmal erwähntes Beispiel zurückgegriffen. Der Maurer, der seine Sache vielleicht besonders gut machen will, könnte denken, daß er die Ziegelpacken zweckmäßigerweise auf den Platz setzt, von wo die Ziegel den kürzesten Weg zur Mauer zurückzulegen haben. Er kann im Augenblick sein Arbeitstempo vielleicht beschleunigen, wird aber eher müde und braucht mehr Erholung, leistet errechnetermaßen in seiner Gesamtleistung weniger. Ist dies ratsam? — Nein.

Andererseits kann natürlich die Arbeit bei größerer Übung sehr zum Vorteil des Ertrages beschleunigt werden. Hierfür einige Winke. Bei Füllschichten fange man mit der weitest entfernten an und komme nach und nach näher. Beim Näherkommen verkürzt und beschleunigt sich die Bewegung. Auf diesen Umstand nehme man am besten schon bei der Reihenfolge der Schichten Rücksicht. Beschleunigender Faktor ist dabei der Umstand, daß der Maurer auf zwei federnden Planken steht, was das Verlegen des Schwergewichts beim Herüber- und Hinüberlangen erleichtert und mit der Zeit auch den Schwung des federnden Körpers beschleunigt.

7. Die Länge der Bewegung.

Ein allgemein gültiges Gesetz im Bewegungsstudium heißt: kürzeste Bewegungen. Aber nicht nur die Bewegungen des Arbeiters selbst suche man nach Möglichkeit zu verkürzen, sondern auch die Bewegung des Materials von einem Platz zum andern, da dazu ja auch immer wieder Kraft nötig ist. Den Schubkarren schiebe man z. B. möglichst nahe zu dem zu transportierenden Packen hin, so daß der Packen nur noch einen ganz kurzen Weg zum Schubkarren zurücklegen muß.

Alle Strecken sollen möglichst klein gehalten werden. Ist die Zurücklegung größerer Strecken ganz unerläßlich, so lasse man dies möglichst von niedrig bezahlten Arbeitskräften tun und spare die besser bezahlte Arbeitskraft für die rein produktive Arbeit.

Auch schiebe man den Ziegelpacken möglichst nahe an den Platz, wo ihn der Maurer braucht, so daß die hochwertige Arbeitskraft des Maurers nur eine ganz geringe Strecke mit dem Arm zurücklegen muß, wenn er nach dem Ziegelpacken langt. Auch lasse man immer zuerst den zunächstliegenden Materialvorrat verbrauchen und dann erst die weiterliegenden, da man dadurch manche

Bewegung ersparen kann, und man, einmal an die kurzen Handbewegungen zum ersten Packen gewöhnt, eher daran denkt, die anderen Packen an den Platz des ersten heranzuschieben. Auch beim Ziegelabheben vom Packen oder von einem Materialgerüst soll der zunächstliegende Ziegel zuerst an die Reihe kommen; die weiter entfernten sind nur Reservevorrat, den man nur in höchster Not, in Ermangelung naheliegender Ziegel, angreift. Möglicherweise werden diese entfernterliegenden Ziegel überhaupt bei dieser Arbeit nicht benutzt oder nur, wenn weiterausholende Bewegungen vorteilhafter sind.

Um bei Ausführung der Bewegungen mit Armen und Händen immer nur die vorgeschriebene geringste Distanz zurückzulegen, braucht man aber ganz bestimmte Werkzeuge und eine ganz bestimmte Anordnung, was aber nur bei vollständiger Normalisierung der Arbeit, des Arbeitsplatzes und der Werkzeuge möglich ist. Auch die Arbeitskleidung muß zu diesem Zweck praktisch sein und bequem und weit genug, um jede Bewegung zu ermöglichen. Die verschiedenen Arten von Werkzeugen, die man gelegentlich braucht, müssen in den Arbeitsanzug eingesteckt oder an ihn angehängt werden können, so daß man sie unter Zurücklegung einer möglichst geringen Entfernung mit der Hand wieder abnehmen kann, d. h. die Kleider müssen geschickt angebrachte Taschen für Nägel, Riemen und Klappen haben. Auch die Werkzeuge sollten so beschaffen sein, daß sie die Entfernung vom Arbeiter zu dem zu verarbeitenden Material möglichst verkürzen.

8. Der Energieverbrauch der Bewegung.

Letzten Endes ist jeder Mensch ein Akkumulator, für den dieselben Leitsätze wie für den Elektrizitätsakkumulator gelten. So ist der Satz: „je mehr Energieverbrauch stattgefunden hat, desto mehr Zeit ist für Akkumulation neuer Energie erforderlich" oberster Grundsatz aller Bewegungsstudien.

Um die Ausbeute möglichst zu steigern, muß der Energieverbrauch pro Arbeitseinheit möglichst klein gehalten werden. Von diesem Gesichtspunkt aus wähle man die Arbeiter zu den betreffenden Arbeiten; der eine verbraucht weniger Energie, wo ein anderer mehr verbrauchen würde. Auch die äußeren Umstände können die Anstrengung bei der Arbeit weit mehr beeinflussen, als man bisher gewöhnlich annahm. So wurden Philanthropen, die die Arbeitsräume hübsch und bequem einrichteten, ohne es zu wissen, selbst wieder belohnt, da der Energieverbrauch des Arbeiters dadurch vermindert und die Ausbeute gesteigert wurde. Nur die zur Ausführung der Arbeit unbedingt erforderlichen Bewegungen dürfen Ermüdung hervorrufen, die aber durch die getroffenen Einrichtungen möglichst schnell überwunden werden sollten.

Wie die Zeit des Energieverbrauchs geregelt ist, sollte auch die der Neuakkumulierung bestimmten Grundsätzen unterliegen. Der Arbeiter braucht relativ weniger Erholung, wenn sie zweckentsprechend eingerichtet ist. So können günstige Erholungsbedingungen, wie luftige Unterhaltungsräume, hübsch angelegte Gärten, bequeme Arbeiterwohnungen und dergleichen mehr das Verhältnis von Energieansammlung und Verbrauch ebenso günstig beeinflussen wie zweckmäßige Arbeitsbedingungen.

9. Die Kosten der Bewegung.

Die abstrakten Kosten jeder einzelnen Bewegung könnten höchstens von großen staatlichen Instituten genau berechnet werden; denn der private Forscher wird immer nur die reale Kostenberechnung des einzelnen Falles berücksichtigen und die Material- und Arbeitskosten zu den Bewegungskosten zuschlagen. Und doch wäre auch die Kenntnis jedes einzelnen Faktors wichtig.

Der Lauf der Bewegungen der Arbeit wird z. B. entschieden durch die Kosten des Materials beeinflußt. Ist das Material billig, so braucht nicht so vorsichtig damit umgegangen zu werden und die Bewegung kann großzügig sein. Beim Mörtelschmieren z. B. kann ohne weiteres hier und da ein Tropfen heruntersickern, ohne daß sich der Arbeiter danach zu bücken braucht; denn seine Bewegung danach ist kostbarer als der Mörtel.

Andererseits kann durch die Kostbarkeit der Bewegungen des Arbeiters an und für sich teures Material das billigste sein. So fährt man beispielsweise billiger, wenn man nur gemahlenen Sand, Zement und Kalkmergel verwendet, als wenn die wertvolle Kraft des Arbeiters zur Säuberung der Masse verwendet wird.

Allerdings kommt es dabei darauf an, ob man es mit hochwertiger oder minderwertiger Arbeitskraft zu tun hat. Sind die Bewegungen einfach, so daß sie auch eine minderwertige Arbeitskraft ausführen kann, so ist diese auf alle Fälle vorteilhafter als eine hochwertige, wobei jedoch sehr schwer zu ersehen ist, ob die hochwertige Arbeitskraft nicht doch um so viel mehr leisten würde.

Es ist gar nicht leicht, unter den heutigen Arbeitsbedingungen für jede Arbeit immer die beste ökonomischste Arbeitskraft zu finden, d. h. die, die im Verhältnis zu ihrem Wert die größte Ausbeute liefert. Die wenigsten Arbeiter haben sich auf bestimmte Arbeiten spezialisiert; alle aber machen gewohnheitsgemäß eine scharfe Trennung zwischen gelernter und ungelernter Arbeit, eine Differenzierung, die bei wissenschaftlicher Betriebsführung vollständig wegfällt. Aber kein gelernter Arbeiter will Arbeit tun, die bisher als ungelernt galt, wie umgekehrt in Amerika die Gewerkschaften streng darauf halten, daß kein ungelernter Arbeiter für als bisher gelernt geltende Arbeiten herangezogen wird.

Die Kosten von Maurerarbeiten haben sich beim Gilbrethsystem bereits um mehr als ein Drittel verringert. Sie könnten sich aber selbst dann noch um ein weiteres Drittel niederer stellen, wenn Maurerarbeit überhaupt je nach ihrer Anforderung an Geschicklichkeit, Kraft, Ausdauer und Geschwindigkeit eingeteilt wäre. Der Beruf des Maurers könnte mit Leichtigkeit nach diesen Gesichtspunkten spezialisiert werden. Einzelne Kategorien könnten sogar, je nach dem Grad oder der Art der Geschicklichkcit z. B., sogar noch weiter spezialisiert werden.

Jeder Beruf sollte nach diesen Gesichtspunkten unterteilt werden. Jedes Handwerk, jede Tätigkeit, in Bureaux, Fabriken und wo immer sie stattfinden mag, sollte nach ökonomischen Grundsätzen geleitet werden. Je mehr in dieser Richtung geschieht, desto mehr verringern sich die Kosten.

Daß der Vorwurf der Eintönigkeit, der Mechanisierung, der Spezialisierung so oft gemacht wird, kann wohl am besten durch die Tatsache widerlegt werden, daß bei sachgemäß, auf wissenschaftlicher Weise durchgeführter Spezialisierung jeder an die für ihn geeignetste Stelle kommen muß, daß er also seinen Fähigkeiten entsprechend die höchste Stelle erreichen kann.

V. Praktische Ratschläge zur Einführung von Normalarbeitsverfahren.

Um zu zeigen, wie der Verfasser des Buches bei seinen Bewegungsstudien im Maurerhandwerk vorging, soll hier zum Schluß noch einmal seine Arbeitsweise Punkt für Punkt erörtert werden. Um stets den ganzen Vorgang in einzelne Schritte zerlegt vor Augen zu haben, benutzte er Karten, wie die auf S. 52 und 53 abgebildeten, die allerdings vor Erfindung des Materialgerüstes, der Ziegelpacken und der Spritzkelle gemacht wurden.

Die ganze Arbeit des Ziegellegens wurde danach in die einzelnen Bewegungen zerlegt (Spalte 1). Die Spalte 2 gibt die Zerlegung der ganzen Operation in Arbeitseinheiten, wie sie bei der alten (falschen) Arbeitsmethode üblich war, während die dritte Spalte die Zerlegung der ganzen Arbeit auf Grund von Bewegungsstudien in nur zweckmäßige Arbeitseinheiten bringt. Die Spalte 4 gibt noch einige wichtige Hinweise für die Praxis.

Diese Karten können gleichzeitig als Anweisungskarten für die Arbeiter dienen. Dazu gebe man eine graphische Darstellung von der zweckmäßigsten Stellung der Füße, der Lage des Materials. der einzelnen Bewegungen usw.

Welche Fortschritte die Bewegungsstudien im Maurerhandwerk brachten, ist aus einem Vergleich von Spalte 2 und 3 klar ersichtlich. Und doch waren damit die Studien nicht am letzten Punkt angelangt; im Gegenteil: die klare Übersicht über die notwendigen und zweckmäßigen Bewegungen (siehe auch Spalte 4) ergab eine lehrreiche Einsicht in das Wesen der Arbeit überhaupt und ließ ganz neue Gesichtspunkte hierfür erkennen. Die Erfindung des Materialgerüstes, der Spritzkelle und der Ziegelpacken war eine natürliche Folge dieser Studien.

Allerdings bedingten diese Erfindungen wieder eine vollständig neue Reihe von Bewegungen, die von Grund aus neu geschaffen werden mußte, ohne Anlehnung an das Bisherige. Hieraus geht klar hervor, daß die Aufgabe der Bewegungsstudien nicht lediglich in Ausscheidung unnötiger Bewegungen besteht, und daß Bewegungsstudien eigentlich nie als beendet angesehen werden können. Weitere Studien werden immer wieder neue Gesichtspunkte eröffnen, die zu neuen Erfindungen führen, die ihrerseits wieder die ganze bisherige Arbeitsweise umstoßen.

Es wäre sehr töricht, um Arbeit zu sparen, das Bisherige unter allen Umständen beizubehalten oder auch nur mit der neuen Erfindung verquicken zu wollen. Eine einzige neue Bewegung kann die ganze Reihenfolge von Bewegungen unökonomisch machen, wenn sie sich nicht organisch einfügt.

Trotzdem müssen die Bewegungsstudien von Zeit zu Zeit zu einem gewissen Abschluß gebracht werden. Sind die Faktoren der

Bewegungen einmal erkannt und die sich aus ihnen ergebenden Prinzipien festgelegt, so sollen die Normalverfahren möglichst rasch bestimmt werden. Kommen dann weitere Verbesserungen, so kann man ja dann immer noch neue Methoden festsetzen. Das eine aber darf nie vergessen werden, daß zu Normalarbeitsverfahren Normalarbeitsbedingungen und Normalwerkzeuge gehören, und daß absolut einheitlich vorgegangen werden muß. Kommen die Normalarbeitsverfahren zur Einführung, noch ehe die dazu gehörenden Werkzeuge und Arbeitsanordnungen zur Verfügung stehen, so diskreditiert man das System von vornherein und macht seine Durchführung unmöglich.

Auch ist es sehr gefährlich, die Einführungsschwierigkeiten zu unterschätzen. Man glaube ja nicht, daß ein gewöhnlicher Meister oder Arbeiter zur Organisierung der Werkstatt nach den Grundsätzen des sogenannten Taylorsystems befähigt wäre. Dazu gehört viel Schulung und viel Wissen. Man fange deshalb nicht mit falscher Sparsamkeit an. Die Einführung wissenschaftlicher Betriebsführung hat nur Zweck, wenn sie von einem auf diesem Gebiet wirklich geschulten Ingenieur vorgenommen wird. Er allein kann beurteilen, in welchem Tempo man vorgehen darf. Überhastung führt zu bösen Konflikten, während andererseits allzu langsame Einführung zu langsam Ergebnisse bringt.

Ein gewöhnlicher Arbeiter wird immer glauben, daß sich die Resultate sofort zeigen müßten. Er ist von vornherein mißtrauisch gegen das neue System und ist froh, wenn sich keine Resultate zeigen, und er wieder zur alten Arbeitsweise übergehen kann; oder er denkt sich, daß er wenigstens in einigen Punkten die alte Arbeitsweise beibehalten kann.

Mangelhafte Durchführung des Systems aber und Ungleichförmigkeit im Betrieb ist der größte Fehler, den man überhaupt machen kann. Die schlechten Arbeitsbedingungen werden sich den guten nicht anpassen, während andererseits die wissenschaftlich festgelegten bald wieder auf die Stufe der früheren Arbeitsbedingungen herabsinken werden. Wenn man das System der wissenschaftlichen Betriebsführung einführen will, so führe man es ganz durch und ruhe nicht, bis alles bis ins kleinste organisiert ist. Die Resultate werden sich dann schon über kurz oder lang einstellen, wenn auch vielleicht nicht so rasch, wie der Unternehmer gewöhnlich glaubt.

Das eine behalte man immer im Auge: die Einführung des wissenschaftlichen Betriebssystems ist eine wissenschaftliche Arbeit, die nur von einem wissenschaftlich Geschulten vorgenommen werden kann. Solche „Tayloringenieure" gibt es auch in Deutschland schon. Zweckmäßigerweise wendet man sich bei Einführung des Systems der wissenschaftlichen Betriebsführung an sie und vermeidet dadurch jedes uneffektive „Herummozen".

VI. Ausblick in die Zukunft.

Was wir zunächst brauchen, ist eine Zusammenfassung aller Kräfte, die auf dem Gebiet der wissenschaftlichen Betriebsführung arbeiten. Wohin soll sich der Unternehmer wenden, der seinen Betrieb auf wissenschaftlicher Grundlage umorganisieren will? Wo findet er die entsprechend ausgebildeten Ingenieure und wo werden solche ausgebildet? Das sind heute alles noch mehr oder weniger offene Fragen.

Wir brauchen ein Sammelinstitut, in dem alle Fäden zusammenlaufen, das den Austausch der Resultate auf dem Gebiet der wissenschaftlichen Betriebsführung übernimmt und neue Ergebnisse veröffentlicht. Ohne ein solches Institut liegt die Gefahr nahe, daß ein und dieselben Beobachtungen und Studien immer und immer wieder gemacht werden, weil keiner etwas vom anderen weiß. Da mag auch viel Geheimniskrämerei mit schuld sein und Angst vor Konkurrenz. Aber ist das nicht kurzsichtig? Jeder einzelne fängt dadurch von vorne an, statt auf bereits gemachten Erfahrungen weiterzubauen. Das alles nur, weil der Überblick fehlt.

Das Austauschinstitut für wissenschaftliche Betriebsführung, das wohl am besten vom Staat selbst organisiert würde, der ja das größte Interesse daran hat, müßte mit Versuchslaboratorien der verschiedensten Art ausgestattet sein. Jede neue Erfindung, jede neue Beobachtung müßte hier sofort ausprobiert und in ihrer relativen Bedeutung gegenüber dem bereits Erkannten je nachdem als Fortschritt oder als unerheblich gewertet werden. Ingenieure, Forscher und Wissenschaftler würden die Resultate ihrer Arbeit gerne einem solchen Institut zur Verfügung stellen, da sie ja selbst von dort mit dem vollständigen Material für ihre Forschung versorgt würden. Vereine, Schulen und Universitäten würden mit diesem Zentralinstitut Hand in Hand arbeiten, ähnlich wie die amerikanischen landwirtschaftlichen Hochschulen mit der Landwirtschaftsabteilung des Ministeriums zusammen arbeiten. Die Veröffentlichungen des Instituts würden für Handwerker und Industrielle die gleiche Bedeutung gewinnen wie die landwirtschaftlichen Nachrichten des Ackerbauministeriums für die Bauern.

Eine solche Anstalt hätte außerdem aber auch eine aktive Tätigkeit zu entfalten. Ihre Aufgabe wäre es, die einzelnen Arbeitskomplexe systematisch unter die Lupe zu nehmen. Die erste Arbeit wäre dabei die Arbeiterauslese, d. h. die Einteilung der Arbeit je nach dem Grad der erforderlichen Geschicklichkeit, Denkarbeit, Schulung, Kraftaufwand, Ausdauer und Körperbeschaffenheit des Arbeiters.

Man könnte diese Arbeitsteilung Funktionsteilung nennen. Im Baugewerbe z. B. empfiehlt sich die Einteilung in fünf Klassen:

Klasse A: Die Arbeiterklasse, die lediglich Verblendsteinmauern und Mauerarchitekturen ausführt, Arbeiten, die hauptsächlich Geschicklichkeit erfordern.

Klasse B: Die Klasse von Maurern, die lieber Innenwände aufführen, wo es auf Pünktlichkeit und Kraftleistung ankommt.

Klasse C: Die Klasse von Maurern, die lediglich Füllstützen bauen, wofür nur Kraft erforderlich ist.

Klasse D: Die Klasse von Arbeitern, die Spritzkelle und Backsteinpacken an den Bestimmungsort bringen, so daß die drei erstgenannten Klassen von Arbeitern sie leicht erreichen können.

Klasse E: Ziegelpacker, Ziegelverleser und Gerüstzimmerleute.

Ist ein Beruf auf diese Weise unterteilt, so kommt das Institut zur zweiten Aufgabe, zur Normalisierung der Arbeit als solcher. Grundlage hierfür sind die Bewegungsstudien. Sie müssen teils im Versuchslaboratorium, teils in den betreffenden Betrieben selbst vorgenommen werden. Es ist selbstverständlich, daß sich dabei gewisse Normen herausbilden und gewisse Erfahrungen bei neuen Arbeiten von vornherein als Grundlage angenommen werden können. Es ist sogar denkbar, daß ganze Tabellen aufgestellt werden können, die Zeitdauer und Zweckmäßigkeit einzelner sich oft wiederholender Bewegungen registrieren, so daß ihre Auswirkungen im Rahmen von Gesamtleistungen ähnlich wie Wurzelzahlen bei der Logarithmentafel nur einfach nachgeschlagen zu werden brauchen. Die Fülle der Möglichkeiten ist unendlich, und es

Mustertafel über die Bewegungen bei der „Pick-and-dip"-Methode; äußeres Mauerwerk.

Bewegung Nr.	Bewegungen: für je 1 Stein je 1 Bewegung Falsch	Bewegungen für je 1 Stein Richtig	Bewegungen
1	Schritt nach Mörtel		Steht das Mörtelschaff auf dem Materialgerüst, so muß die Kante des Schaffs mit der Bordkante des Gerüstes abschließen. Steht das Schaff auf dem Boden, so muß die Kante 21 Zoll von der Mauer entfernt sein. Mörtelschaffe müssen höchstens vier Fuß voneinander entfernt sein.
2	Nach Mörtel reichen	1 Bewegung	Mit ausgestrecktem Arm ohne Bücken danach langen!
3	Mörtel umrühren		Mörtel muß die richtige Beschaffenheit haben!
4	Schritt nach Ziegel		Stehen die Ziegel auf einem Rahmen, so können sie leicht nachgeschoben werden, und der Maurer erspart sich den Schritt danach. Ziegelpacken dürfen nicht näher als 1 Fuß, andererseits höchstens 4,6 Fuß von der Mauer entfernt stehen.
5	Nach Ziegel reichen	in Bewegung Nr. 2 enthalten	Nach Ziegel und Mörtel muß gleichzeitig gelangt werden!
6	Ziegel aufnehmen		Die Ziegel müssen der entsprechenden Reihenfolge nach geschichtet sein.
7	Mörtel aufnehmen	1 Bewegung	Möglichst eine gerade, gleichmäßig schnelle Bewegung.
8	Ziegel zur Mauer langen	in vorhergehender Bewegung Nr. 7 enthalten	Die Bewegung muß mit Bewegung 7 symmetrisch erfolgen.
9	Mörtel aufsetzen	in Beweg. 7 enthalten	Die Bewegung darf nicht ins Stocken kommen.

10	Mörtel ausbreiten		Der Mörtel muß so aufgebracht werden, daß ein besonderes Ausbreiten nicht erforderlich ist, so daß er sich an dem Ende des vorigen Steins hochdrückt, oder sonst müssen die nächsten beiden Zwischenräume ausgefüllt werden.
11	überstehenden Mörtel abnehmen		Ist der Mörtel von der Kelle sauber aufgebracht, so ist kein Ausbreiten und kein Abnehmen mehr nötig.
12	abgenommenen Mörtel zum Schaff zurückbringen		Wenn der Mörtel nicht abgenommen ist, braucht dieser Raum nicht ausgefüllt zu werden; ist er aber abgenommen, dann nehme man ihn auf die Kelle und behalte ihn dort, oder sonst streiche man ihn gegen das nächste Steinende. Aber man werfe ihn nicht in das Mörtelschaff zurück.
13	Ziegel legen	1 Bewegung	Muß überstehender Mörtel abgenommen werden, so kann man das ebensogut, aber wesentlich rascher für mehrere Ziegel gleichzeitig machen.
14	überstehenden Mörtel abnehmen	$^1/_2$ Beweg. da höchstens bei jed. 2. Ziegel nötig	
15	abgenommenen Mörtel zurück zum Schaff	1 Bewegung	Nach Möglichkeit zuvor die Fugen verschmieren! Siehe Bemerkung zu Bewegung Nr. 12.
16	Ziegel niederstoßen		Bei richtiger Mörtelkonsistenz unnötig.
17	Mörtel abnehmen		Falls der Ziegel niedergestoßen werden muß, gebe man ihm einen einzigen Schlag richtiger Stärke. Das ist besser, als mehrere leichte Schläge.
18	abgenommenen Mörtel zum Schaff zurückbringen		Man streiche den Mörtel nicht häufiger als nach jedem zweiten Stein ab, und wenn man ihn abstreift, dann lasse man ihn nicht einfach auf die Erde fallen, sondern hebe ihn auf der Kelle auf, bis man ihn wieder gebrauchen kann. (Vergleiche Bewegung 12.)
	18 Bewegungen	$4^1/_2$ Bewegungen	Gesamtzahl der Bewegungen für je einen Stein.

wäre töricht, nicht zuzugreifen und zu wagen, wo soviel zu gewinnen ist.

Schwierigkeiten sind da. Das darf nicht geleugnet werden, und eine halbe oder ungenaue Einführung des Systems der wissenschaftlichen Betriebsführung kann unendlichen Schaden stiften. Auch das darf man nicht vergessen. Um so größer ist aber der Nutzen, wenn sich Unternehmer und Arbeiter der Tragweite des neuen Systems bewußt sind und alles daran setzen, sich in allen Einzelheiten an die Bedingungen der wissenschaftlichen Betriebsführung zu halten. Der Vorteil ist auf beiden Seiten gleich groß.

Die Ausbeute des Arbeiters verdoppelt und verdreifacht sich.

Die höchsten Löhne rechtfertigen sich.

Die Produktionskosten werden geringer, das Leben wieder billiger, und das Land, das sich am intensivsten dieser neuen Aufgabe widmet, wird der leistungsfähigste Konkurrent auf dem Weltmarkt.